나는
회계 몰라도
재무제표
본다

나는 회계 몰라도 재무제표 본다

초판 1쇄 발행 2023년 7월 12일
초판 2쇄 발행 2023년 10월 12일

지은이 이승환

발행인 장상진
발행처 (주)경향비피
등록번호 제2012-000228호
등록일자 2012년 7월 2일

주소 서울시 영등포구 양평동 2가 37-1번지 동아프라임밸리 507-508호
전화 1644-5613 | **팩스** 02) 304-5613

ISBN 978-89-6952-551-2 03320

• 값은 표지에 있습니다.
• 파본은 구입하신 서점에서 바꿔드립니다.

나는 회계 몰라도 재무제표 본다

재무제표를 볼 수 있어야
돈의 흐름을 읽을 수 있다!

이승환 지음

경향BP

직장인이 회계를 알면 숫자를 무기로 만들 수 있다

"한 번도 회계 공부를 안 한 직장인은 '수없이' 많지만, 한 번만 한 직장인은 없다."

직장생활을 오래 하다 보면 어렴풋이 회계가 중요하다는 것을 느낄 수 있습니다. 그런데 '뭐가? 어떤 부분이? 어떤 식?'으로 재무제표를 바라봐야 할지는 내부분 잘 모릅니다.

저는 드라마 「미생」과 「김과장」을 통해 높아 보이기만 했던 회계에 친근하게 다가설 수 있게 되었습니다. '회계는 직장인에게 상식이다.'라는 말의 의미를 알게 되었습니다. 회계가 중요하다는 백 마디 말보다 드라마 한 편이 회계의 핵심을 잘 가르쳐 주었습니다.

드라마 「미생」에서는 신입사원이었던 안영희와 재무팀장의 대화에 회계 숫자의 역할이 드러나 있습니다.

"같은 기획서라도 부서에 따라서 해석이 다를 수 있다. 긍정적 반응이란 아무것도 결정된 게 없다는 뜻이다. 숫자는 근거와 오해를 줄인다. 회계 숫자는 경영의 언어다."

직장인들이 부서 간에 대화를 하기 위해서 '숫자인 회계 정보'가 왜 필요한지를 아주 함축적이고 임팩트 있게 표현했습니다.

또 다른 드라마 「김과장」은 회계팀이 주된 배경으로 분식회계 사건을 에피소드로 다루며 재무제표, 회계처리 등 낯선 회계 단어를 시청자들에게 보여 주었습니다. 결론적으로 드라마를 통해 직장인에게 재무제표, 회계는 매일 매일 벌어지는 일상이라는 점을 알려 주었습니다.

재무제표는 회계 지식이 깊지 않더라도 누구나 읽을 수 있는 보고서에 불과합니다. 보고서는 어떤 정보를 이해하기 쉽도록 정리해 상급자나 이해 관계자에게 제공하는 형식입니다. 이 책에서는 직장인을 대상으로 재무제표 '읽는 법' 또는 '보는 법'을 쉽게 설명합니다.

사건이나 내용을 일목요연하게 보여 주기 위해 보고서가 주로 '표'를 사용하는 것처럼 재무제표 역시 기업의 재무 상황을 다룬 '표'에 불과합니다. 다만 재무제표 안의 숫자를 읽어 낼 때는 약간의 기본 지식과 요령이 있어야 합니다. 객관적이고 정확한 재무제표에 담긴 기업의 숫자를 읽고 이해한다면 누구보다 해당 기업에 대한 시야를 넓힐 수 있습니다.

재무제표는 어려워 보이지만 각 회사가 회계처리를 통해서 회사의 경영 활동을 숫자로 표현한 재무보고서입니다. 몇 개의 표와 주석으로 구성되어 있습니다. 산업별, 기업별 특징이 천차만별인 데다 그 회사가 처한 환경 요소까지 고려해야 합니다. 재무제표는 동일한 기준에 따라 기업을 비교할 수 있도록 축약시켜 놓은 보고서이기에 아주 빠르게 기업을 이해할 수 있습니다.

회사를 파악하고 이해하려는 직장인이라면 이 숫자를 그냥 놔둘 수 있을까요? 무료로 누구에게나 공개된 회계 정보를 말입니다. 직장인이 회계를 알면 숫자를 무기로 만들 수 있습니다.

매출액, 영업이익, 자산, 부채 자본 등 숫자에 대한 수많은 항목이 재무제표에 나옵니다. 재무제표를 읽는 요령과 몇 개의 회계 개념만 알면 여러분도 재무제표를 쉽게 읽을 수 있습니다. 회사의 업무에 써먹을 수 있는 현실 회계 지식을 얻을 수 있습니다.

이 책은 크게 '재무상태와 주석', '손익과 현금흐름' 2개 부문으로 나눠 설명합니다. 보통 회계 또는 재무제표를 어렵게 생각하는 첫 번째 이유는 낯선 회계 용어 때문입니다. 회계 개념을 담고 있는 '단어'를 모르면 숫자가 말하는 이야기가 들리지 않습니다. 우선 가장 많은 회계 용어가 나오는 '재무상태표'와 삭 용어를 자세히 풀어주는 '주석'을 1~5장에 모아 설명했습니다. 모든 회계 용어를 배울 필요는 없기에 이 책에서는 재무제표 읽기에 필요한 것과 회사를 이해하는 데 필수적인 회계 지식만 다루었습니다.

6~8장에서 다루는 '손익과 현금흐름'은 대표적인 재무제표인 손익계산서와 현금흐름표에 관한 내용입니다. 2개 표는 1년간의 단기적인 기업의 성과(이익)와 실제 들어온 돈을 확인하는 점에서 공

통점이 있어 반드시 함께 봐야 할 재무제표입니다. '이익을 계산'하는 법과 현금이 드나드는 '흐름'을 통해 직관적으로 회사의 미래를 예측할 수 있습니다.

손익계산서와 현금흐름표는 회계 용어보다 재무제표의 구조를 파악해야 합니다. 이 책만 읽어도 재무제표를 마스터할 수 있도록 핵심만 담았습니다.

이 책은 꼭 순서대로 읽지 않고 편의에 따라 중간부터 읽어도 괜찮습니다. 다만 명심해야 할 사항은 4가지 재무제표인 재무상태표, 손익계산서, 현금흐름표, 주석 모두를 '연결'하여 읽는 관점을 갖추어야 합니다. 재무제표의 수치를 '회사가 이러이러한 상태구나!'라는 스토리로 바꿀 수 있어야 재무제표 읽기를 제대로 하는 것입니다.

재무제표는 기업에서 일어나는 일을 이해하는 데 객관적인 근거로 활용할 수 있습니다. 취준생에게는 자기소개서와 면접의 준비자료가 될 수 있고, 투자자에게는 투자 결정을 위한 확신을 제공합니다. 팀 회의에서 의견을 낼 수 있을 뿐만 아니라 경쟁사 분석 등 멋진 기획서의 기초 자료가 됩니다. 물론 사장님을 비롯한 경영진에게는 회사의 중대한 의사결정을 내릴 수 있게 돕습니다.

이 책을 통해 재무제표가 각자의 목적과 필요성을 가진 분들에게 성큼 다가서는 계기가 되길 바랍니다.

재무제표 읽는 남자 이승환

차례

2 재무상태표는 컨트롤 타워다

3 반드시 알아야 할 회계 용어와 주석

4 재무제표는 '자산'으로 정리된다

5 왜 부채와 자본에 주목해야 하는가?

7 이익 증가를 위해 꼭 알아야 할 것

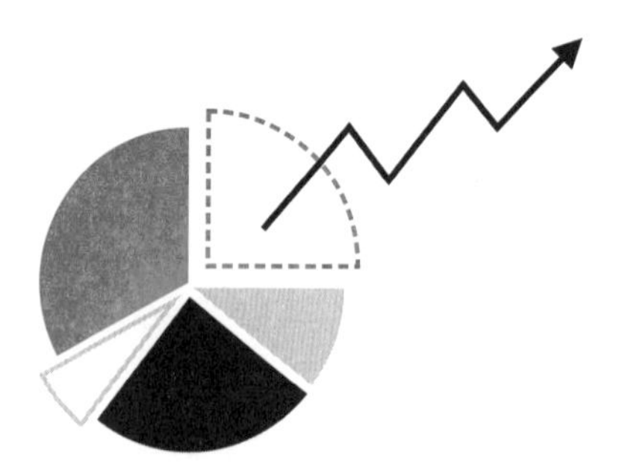

8 현금흐름으로 회사 실체를 확인하라

* 재무제표 읽기 이해를 돕기 위해 (주)포스코케미칼(현 포스코퓨처엠)의 명칭은 그대로 사용하였습니다.

재무제표 찾는 법
- DART를 활용하라

기업에 관한 정보가 필요한 사람은 전자공시시스템(DART: Data Analysis, Retrieval and Transfer System)을 사용하는 데 익숙해져야 합니다. DART는 상장법인 등이 공시 서류를 제출하고, 투자자 등 이용자가 제출 즉시 인터넷을 통해 조회할 수 있도록 만든 기업공시 시스템입니다.

DART 사이트 사용법을 알면 재무제표를 쉽게 다운받을 수 있습니다. 최근 DART가 미는 슬로건은 '신속하고 투명한' 전자공시 시스템입니다. 로고는 '대한민국 기업 정보의 창'입니다. 기업들이 공시한(공개적으로 게시한) 중요한 정보, 재무제표, 사업보고서 등이 DART에 포스팅됩니다.

보통 가장 많이 쓰이는 페이지는 '회사별 검색'입니다. '회사별

● DRAT 전자공시시스템 사이트 메인 화면 ●

검색'은 회사 공식 명칭을 검색창에 넣거나 종목코드 번호를 넣으면 됩니다. 그런데 그냥 검색을 누르면 해당 회사의 최근 공시 정보가 한꺼번에 다 나옵니다. 조건을 걸어서 중요한 보고서만 우선 먼저 살펴보는 게 좋습니다.

특히 재무제표가 첨부된 '감사보고서'나 상장사일 경우 '사업보고서'를 먼저 리뷰할 필요가 있습니다. 공시유형에 조건을 거는데 '정기공시'나 '외부감사'를 통해 주요 보고서만 나오게 하며, 보통 3년 기간 조건을 걸어서 최근 몇 년의 보고서를 검색합니다. 그러면 과거의 중요한 보고서만 필터링돼서 나옵니다. 이를 통해서 회사가 정기적으로 언제, 그리고 어떤 보고서를 공시하고 있는지 현황도 체크합니다.

그다음에 보고서 이름을 클릭하면 해당 보고서 창이 새롭게 뜹니다. 회사의 각종 정보를 담고 있는 '사업보고서'를 클릭하면 아래와 같은 화면이 등장합니다. 왼쪽에 목차가 함께 나오는데 목차별 클릭을 통해서 하위 정보를 볼 수 있습니다.

'사업보고서'나 '감사보고서'에는 항상 첨부 서류가 여러 개 달려 있습니다. 첨부된 서류는 옆의 다운로드 버튼을 통해 PDF 파일로

갈무리할 수 있습니다.

DART는 기본적으로 상장사와 외감법에서 규정하고 있는 약 3만 개 이상의 자산 120억 원 이상 비상장 기업의 재무제표와 각종 보고서를 모아 둔 곳입니다. 그러다 보니 이 정보를 포함해 유용한 기업 정보와 함께 사용자 편의를 위해 추가로 만들어 놓은 기능도 있어 DART를 다른 용도로도 사용할 수 있습니다.

먼저 상단 오른쪽 로고를 한 번 클릭해 보세요. 스크롤을 내려 보면 '많이 본 문서'라는 코너가 있습니다. 즉 사람들이 가장 관심 두는 회사 공시 사항이 무엇인지를 알 수 있습니다. 마치 포털 사이트의 검색순위와 비슷한 기능입니다. 아래에 있는 '공모게시판'에는 최근 공모 예정인 기업들의 공모 공시 정보가 올라와 있습니다.

DART에는 기업의 기본적인 정보를 확인할 수 있는 '기업개황' 코너가 있습니다. 관심 가진 기업의 공식 명칭, 영문명, 홈페이지 주소, 업종, 설립일 등 가장 기본적인 기업 정보를 '기업개황'을 통해서 확인할 수 있습니다.

DART는 기업 정보의 공시를 통해 투명하고, 공정한 정보 공유를 원칙으로 삼습니다. 약간의 프로그램 기술을 가지면 기업 데이터를 다운로드할 수 있는 서비스를 제공하고 있습니다. 'OPEN DART'라는 코너인데 코딩 등 IT에 능통하다면 매우 유용할 것입니다.

1장

재무제표는 직장인의 경쟁력이다

01

회계 기초 다지기

관점을 바꾸면 회계가 쉬워진다

직장인이 회계를 싫어하는 가장 큰 이유는 회계 또는 재무제표에 관련된 용어가 생소하고 어렵기 때문입니다. 게다가 용어부터 알아야 한다는 강박 때문에 '개념 외우는' 지루함에 빠지기 쉽습니다. 무엇을 공부하든 직장인 지식은 실무적이어야 하고 '돈이 되는' 내용이어야 합니다. 바로 써먹을 수 없는 지식이라면 시간 낭비할 필요가 없습니다. 그런 면에서 회계는 직장인이 배워야 할 필수 지식 가운데 하나입니다.

그런데 회계를 전공자나 회계팀 수준으로 배우길 원한다면 이 책의 방향과는 다소 거리가 있습니다. 직장인에게 회계란 DART를 통

● DART LG에너지솔루션 2022 3분기 보고서 ●

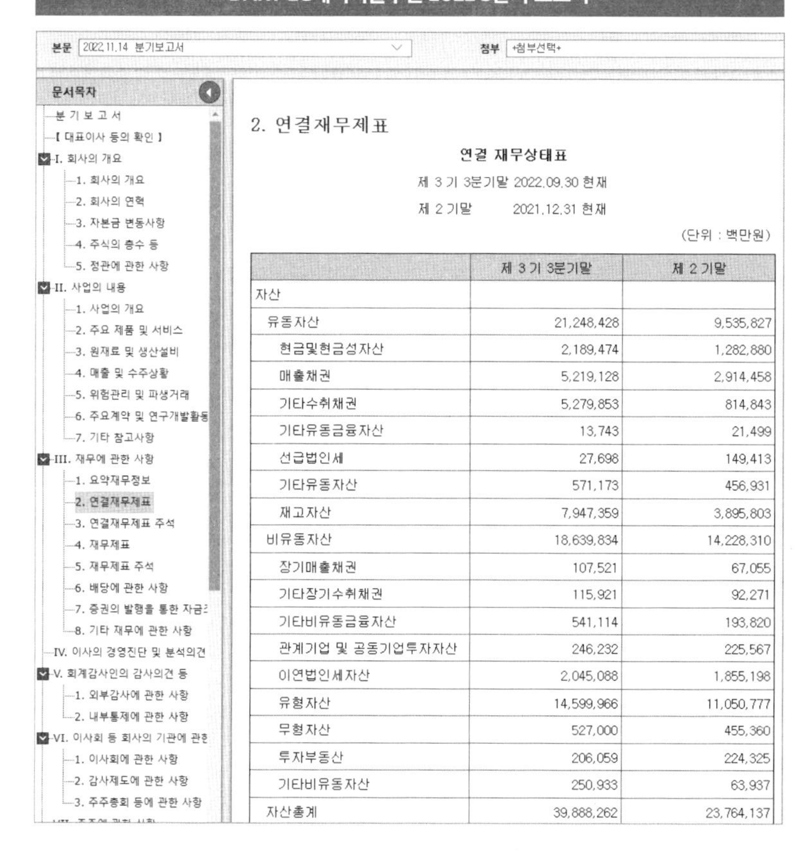

본문 2022.11.14 분기보고서 첨부 +첨부선택+

문서목차

- 분 기 보 고 서
- 【 대표이사 등의 확인 】
- I. 회사의 개요
  - 1. 회사의 개요
  - 2. 회사의 연혁
  - 3. 자본금 변동사항
  - 4. 주식의 총수 등
  - 5. 정관에 관한 사항
- II. 사업의 내용
  - 1. 사업의 개요
  - 2. 주요 제품 및 서비스
  - 3. 원재료 및 생산설비
  - 4. 매출 및 수주상황
  - 5. 위험관리 및 파생거래
  - 6. 주요계약 및 연구개발활동
  - 7. 기타 참고사항
- III. 재무에 관한 사항
  - 1. 요약재무정보
  - 2. 연결재무제표
  - 3. 연결재무제표 주석
  - 4. 재무제표
  - 5. 재무제표 주석
  - 6. 배당에 관한 사항
  - 7. 증권의 발행을 통한 자금조
  - 8. 기타 재무에 관한 사항
- IV. 이사의 경영진단 및 분석의견
- V. 회계감사인의 감사의견 등
  - 1. 외부감사에 관한 사항
  - 2. 내부통제에 관한 사항
- VI. 이사회 등 회사의 기관에 관한
  - 1. 이사회에 관한 사항
  - 2. 감사제도에 관한 사항
  - 3. 주주총회 등에 관한 사항

2. 연결재무제표

연결 재무상태표

제 3 기 3분기말 2022.09.30 현재

제 2 기말 2021.12.31 현재

(단위 : 백만원)

	제 3 기 3분기말	제 2 기말
자산		
유동자산	21,248,428	9,535,827
현금및현금성자산	2,189,474	1,282,880
매출채권	5,219,128	2,914,458
기타수취채권	5,279,853	814,843
기타유동금융자산	13,743	21,499
선급법인세	27,698	149,413
기타유동자산	571,173	456,931
재고자산	7,947,359	3,895,803
비유동자산	18,639,834	14,228,310
장기매출채권	107,521	67,055
기타장기수취채권	115,921	92,271
기타비유동금융자산	541,114	193,820
관계기업 및 공동기업투자자산	246,232	225,567
이연법인세자산	2,045,088	1,855,198
유형자산	14,599,966	11,050,777
무형자산	527,000	455,360
투자부동산	206,059	224,325
기타비유동자산	250,933	63,937
자산총계	39,888,262	23,764,137

해서 제공되는 '재무제표'를 직접 읽고, 해당 숫자의 의미를 직관적으로 이해할 수 있는 수준이면 충분합니다. 모든 직장인이 회계 초심자에서 회계 교양인 정도로 회계 정보를 다루는 데 조금 더 수월하기를 바랍니다.

회계 정보인 재무제표를 읽고 그 안에서 내가 필요한 사실을 찾아내는 정도의 회계 지식은 정말 별것 아닙니다. 왜냐하면 따로 회계 수업을 듣지 않아도 재무제표는 누구나 이해할 수 있는 형식이기 때문입니다. 다만 표가 많이 나오는 편이라 조금 눈에 익숙해질 필요가 있습니다. 그 안의 정보에는 어떤 것이 담겨 있는지, 어디에 무엇이 있는지 미리 알아 두면 재무제표를 빨리 읽을 수 있습니다. 읽다 보면 어느새 회계 궁금증을 해결할 수 있습니다.

처음에는 딱딱한 표현과 네모 박스 안에 들어 있는 숫자들을 보면 막막합니다. 재무제표를 어떻게 해석하는지, 회계를 가끔 사용하는 사람들에게 헷갈리지 않는 재무제표 읽는 법을 알려 드리겠습니다.

우선 회계 그리고 재무제표에 대한 관점을 바꾸어야 합니다. 성경 얘기를 좀 해 보겠습니다. 세례자 요한과 예수님의 만남입니다. 요한은 요단강에서 물로 세례를 주고 있었는데 첫눈에 예수님을 알아보았습니다. 요한이 축복한 예수의 첫 설교 첫 마디는 바로 “회개하라!”입니다. 저는 여러분 모두가 ‘회계하셨으면’ 합니다. 너무 갑작스러워 무슨 소리인가 싶죠? ‘회개’와 ‘회계’ 글자가 다릅니다. 여기에 생각해 볼 유사한 점이 있습니다.

회개의 핵심은 그동안의 기독교 종교관을 완전히 바꾸라는 의미입니다. 유대교의 율법 중심의 종교에서 ‘사랑’과 ‘사람’ 중심의 기독교로 180도 관점을 바꾸라는 의미가 바로 ‘회개’입니다. 마찬가지로 그동안 회계와 재무제표는 ‘어렵다.’, ‘재미없다.’, ‘내가 알 수 없는 영역이다.’는 생각과 관점을 갖고 접근했기 때문에 힘들었습니다. 여전히 지금 회계를 생각하거나 재무제표를 떠올리고, ‘알 수 없다.', '어떤 식으로 적용해야지?', '정밀해야 한다.', '복잡할 거다.', '수식을 알아야 한다.' 등의 생각이 든다면 당장 버려야 합니다.

오히려 그 반대로 회계는 굉장히 쉽고, 친절하며, 재무제표를 통해 우리에게 무언가를 알려 주려고 노력하는 정보라고 단정하고 시작해야 편합니다. 회계는 쉽습니다. 누구나 금방 재무제표를 척척 읽어 낼 수 있습니다. 회계는 실생활 속에서 튀어나온 단어에 불과합니다.

회계는 모여서 셈하는 돈 문제다

회계라는 단어를 한자로 보면 '모일 회(會)' 자와 '계산할 계(計)' 자로 구성되어 있습니다. 그러니까 직장생활을 하면서 "우리 팀이 그동안 쓴 돈 계산해 보자.", "팀장님, 얼마 썼어요?", "1만 원 썼어.", "저는 3,000원 썼어요."라는 식의 대화가 바로 회계입니다. 모여서 계산하는 행위입니다.

그런데 이것을 직접 해 보면 사실 민망하고 짜증나는 순간이 많습니다. 돈이 나오니 정확해야 하고, 일일이 따져야 할 기준이 늘어납니다. 이것이 회계에 대해 감정이 불편해지는 이유가 아닐까 추측해 봅니다. 주로 돈 문제를 얘기하니까요.

회계는 보통 학문적으로 '합리적인 경제적 의사결정을 하는 데 유용한 재무적 정보를 제공하기 위한 일련의 과정 체계'로 정의합니다. 하지만 현실에서는 그냥 어떤 조직이든 간에 모여서 '돈 세는 것'이라고 이해하면 더 직관적입니다. 어디에 얼마를 썼는지, 얼마를 벌고 있는지를 정리한 것입니다.

회계가 다루는 주제는 복잡하지 않습니다. 명확합니다. 재화의 사용과 이익의 증감을 회사 조직원 또는 이해관계자 누구나 볼 수 있도록 일목요연하게 정리한 표가 재무제표이고, 그 내용을 장부에 적는 과정을 '회계처리'라고 표현합니다.

'회계'는 재무제표를 만드는 회사 내부의 '프로세스'와 원칙들 그리고 사회적인 합의(제도)를 다 포괄한 가장 큰 개념이라고 할 수 있습니다. 회계를 통해 나온 정보, 즉 회계 정보는 '재무제표'라는 일종의 형식으로 통일됩니다.

회계처럼 재무제표 역시 한자로 나타내 보면 '재무(財務)'는 돈이나 재산에 관한 일이라고 풀이할 수 있고, 뒤에 나오는 '제(諸)' 자는 '여럿'이라는 뜻입니다. 즉 재무를 여러 개의 표(表)로 보여 준다는 것입니다. 거꾸로 생각해 보면 회사에서 일어나는 돈이나 재산에 관련된 내용을 1개의 표가 아니라 여러 개로 보여 준다는 게 핵심입니다.

회사의 실체를 좀 더 정확히 보여 주기 위해서 정육면체 각각의 면을 보여 주듯 회계는 재무제표라는 여러 개의 표를 사용하고 있습니다. 직장인 여러분이 회사를 좀 더 정확히 이해하기 위해 재무적인 상태와 현금의 흐름과 손익 계산을 각각 확인해야 하는데 이걸 모아 놓은 게 바로 '재무제표'입니다.

재무제표는 실제로 회사가 어떤 모양을 가지고 있는지 완결성 있게, 다른 회사와 비교할 수 있게 보여 줍니다. 특히 돈이나 재산에 관한 것만 다루고 있다는 점도 독특한 특징입니다. 부정확한 꾸밈이나 거품이 싹 빠져 있습니다. 예를 들면 회사 분위기가 좋다든지, CEO가 유능하다든지 같은 주관적인 가치는 포함하지 않습니다. 다시 말해 냉정한 판단의 조합이라 더없이 객관적인 숫자 정보라는 점이 매력적입니다.

재무제표 기본은 '숫자 세기'다

재무제표에 나온 숫자는 단위가 화폐입니다. 재무제표를 읽는다는 것은 숫자 정보와 그 안에 담긴 의미를 파악하는 과정입니다. 아주 기초적인 스킬이지만 숫자를 빠르게 인지하지 못하면 재무제표 읽기가 더디어집니다. 화폐 단위라는 걸 고려해서 억 단위로 숫자를 읽는 습관을 들이면 편합니다. 우리가 관심 가질 만한 기업은 보통 몇 천만 원, 몇 백만 원에 무너지거나 힘들어질 회사가 아니기 때문입니다.

356,856,650(단위: 원) / 69,555,789(단위: 천 원) / 8,636원(단위: 백만 원) 등 재무제표에는 단위가 바뀌어서 숫자가 많이 나오는데 각각 몇 억 원일까요? 숫자와 단위를 보고 '딱' 이건 몇 억, 저건 몇 억으로 바로 읽을 수 있어야 재무제표 읽기가 수월합니다. 왜냐하면

앞뒤로 찾아가면서 수치를 비교할 때가 자주 생기거든요. 그럴 때마다 일십백천만… 식으로 세기 시작하면 늦습니다.

단위: 원	억○○,○○○,○○○
단위: 천 원	억○○,○○○
단위: 백만 원	억○○

위의 표와 같이 단위가 '원'일 경우에는 뒤에서 두 번째 콤마 앞 제일 첫 숫자가 억이고, 단위가 '천 원'일 때는 첫 번째 콤마 앞 첫째 자리가 억입니다. 백만 원 단위일 때는 뒤에서 세 번째 숫자가 억입니다. 앞의 숫자를 예로 들면 356,856,650(단위: 원) = 3억 원 / 69,555,789(단위: 천 원) = 695억 원 / 8,636원(단위: 백만 원) = 86억 원입니다.

처음에는 익숙하지 않지만 몇 번만 연습해 보면 긴 숫자를 모두 '억 원' 기준으로 읽어 낼 수 있을 것입니다. 뒤의 천만 원 아래를 절삭해서 읽는 걸 불안해하지 마세요. 회계에는 '중요성의 관점'이라는 원칙이 있습니다. 회계감사 시에 회사에 큰 영향을 미치는 큰 금액을 중심으로 판단을 내려 갑니다.

회계 관련 실무 부서라면 1원도 틀리면 안 되겠지만 우리는 회사를 파악하기 위해서 큰 금액 위주로 재무제표를 읽어야 합니다. 회사에 영향을 끼칠 중요한 금액의 이동과 플러스, 마이너스를 눈치채야 합니다. 재무제표 읽기를 위해서는 무조건 숫자 세는 게 빨라야 합니다. 숫자 읽는 연습을 하면 진짜 효과가 있습니다.

02

재무제표의 핵심 파악하기

재무제표 숫자는 믿을 수 있다

재무제표가 만들어지는 과정은 다음 그림과 같습니다. 기업은 이윤을 얻기 위해서 어떤 식으로든 간에 경영 활동, 즉 영업, 투자, 재

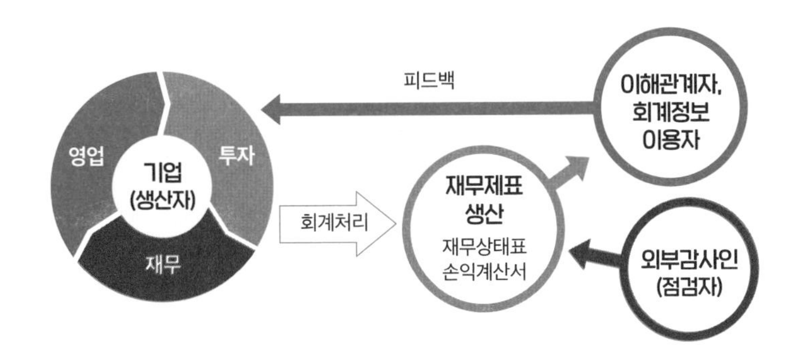

무 활동을 전개합니다. 그 내용을 회계기준에 맞춰 장부(재무제표)를 만드는데, 1차적으로는 경영 관리를 위한 장부입니다. 의사결정을 위한 과정입니다.

그런데 만들고 난 장부를 외부에 보여 줄 일이 생깁니다. 은행대출이라든지 외부 투자 그리고 정부에 세금을 내기 위해서도 공개해야 합니다. 믿을 만한 장부임을 확인하기 위해서 제3자인 외부감사인에게 재무제표를 검증받습니다. 보통 외감법이라는 법에서 대상기업을 정합니다.

▶ **외부감사 대상 기업**

자산총액 120억 원 이상, 부채총액 70억 원 이상, 종업원 100인 이상, 매출액 100억 원 이상 등 기준을 2개 이상 충족하는 기업

외부감사인에게 감사를 받고, 직접적인 이해관계자뿐만 아니라 우리 같은 사람들에게 보라고 공개한 게 여러분이 볼 수 있는 재무회계기준의 '재무제표'라는 형식입니다. 대표적인 재무제표로는 재무상태표, 손익계산서, 현금흐름표 3가지가 있습니다. 회사는 경영활동을 열심히 하지만 그 경영 활동을 외부 사람이 볼 수 있는 방법은 그다지 많지 않습니다.

재무제표는 "우리 회사에 관심을 갖는 외부 이해관계자에게 무엇을 보여 줘야 할까? 외부인들이 관심을 가진 걸 보기 쉽게 정리한 표가 있으면 좋겠다. 그리고 좀 큰 기업들은 법에서 재무제표 공개

를 형식과 기준 대상을 의무로 만들자.”로 요약할 수 있습니다.

외부인들이 관심을 가지는 우리 회사의 자산, 부채, 자본을 보여 주는 원칙을 법에서 정했다는 얘기는 '재무제표'가 굉장히 객관적이고, 법률에 의해 정했기 때문에 만약 재무제표 속의 숫자가 틀리거나 문제를 일으키면 법률을 위반한 결과가 됩니다. 그러므로 어느 다른 재무 정보보다 '믿을 만한 숫자'라는 사실이 중요합니다.

“재무제표의 숫자는 객관적이고 신뢰할 수 있다.”

재무제표는 연결·순환의 보고서다

재무제표를 영어로 Financial Statement라고 표기하는 이유는 재무에 관한 설명문이자 '보고서'이기 때문입니다. 보통 보고서는 상급자에게 혹은 누군가에게 일과 사건에 대해서 정리해서 보여 주는 문서입니다. 재무제표도 마찬가지입니다. 회사의 경영 활동을 재무적 기준의 숫자로 정리해서 보여 주는 보고서에 불과합니다.

그냥 보고서라는 생각으로 보기 시작하면 재무상태표의 자산총계 숫자는 이 회사에 재산이 얼마나 있는지, 부채총계는 빚이 얼마인지, 자본은 회사가 손에 들고 시작한 돈이 얼마인지 나타냅니다. 게다가 보고받는 사람을 위해 자산, 부채, 자본이 어떤 항목으로 구성되어 있는지를 한눈에 볼 수 있게 해 줍니다.

그런데 그런 목적으로 만든 재무제표가 1개만은 아닙니다. 재무상태표 하나만으로 회사가 다 보고된다면 아주 좋을 것입니다. 회사의 경영 활동이 다면적이듯 회사를 정확히 이해하기 위해서는 나머지 재무제표인 손익계산서와 현금흐름표도 알아야 합니다. 중요한 점은 재무제표는 다면적이라는 것입니다. 재무제표들은 한 회사의 경영 활동을 표현하는 것이므로 당연히 현금흐름표, 손익계산서, 재무상태표는 '연결'될 수밖에 없습니다.

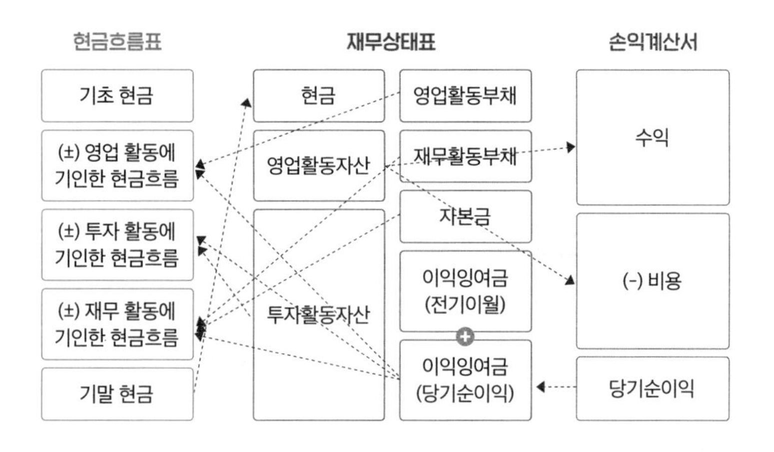

위 그림에서 보듯이 현금흐름표는 현금에 관련된 재무제표입니다. '기말의 현금'이라는 건 회사가 결산할 때 보유하고 있는 현금입니다. 재무상태표 자산 항목에 있는 현금 수치와 같아야 정확한 보고입니다. 재무상태표의 현금과 동일할 수밖에 없습니다.

손익계산서는 '이익'을 표기합니다. 이익은 내가 벌어서 가져가는 돈입니다. 회사의 '내 돈'은 자본에 속합니다. 손익계산서의 당기순이익은 재무상태표 자산 항목에 영향을 미치고, 숫자를 더하거나 빼게 만듭니다.

"재무제표는 다 연결되어 있다."는 것이 중요한 포인트입니다. 세세하게 어디와 어디가 연결되어 있는지를 굳이 배울 필요는 없습니다. 3개 표가 영향을 미친다는 것과 "절대 1개의 표만으로 회사를 판단하면 안 된다."는 중요한 원칙을 이해해야 합니다.

만약 재무상태표를 보고 자산과 부채에 문제점이 있어 보인다고 연결된 손익과 현금흐름을 같이 보지 않는다면 한쪽 면만 보고 그 회사를 판단하는 것이 됩니다. 그러므로 3개의 재무제표를 한꺼번에 볼 수 있는 관점을 가져야 합니다.

기본적으로 재무상태표를 중심에 두세요. 재무상태표가 가장 먼저 나옵니다. 제일 중요한 표이기 때문입니다.

회사는 돈을 벌기 위해 존재합니다. 돈을 벌기 위해서는 무언가를 팔거나 어떤 서비스를 주어야 합니다. 그 무엇과 서비스는 바로 재무상태표의 자산에서 나옵니다.

재무상태표에 있는 자산은 '팔아서 돈이 되는 무엇'입니다. 소비자에게 자산을 팔아 이익을 만듭니다. 다르게 표현하면 재무상태표를 헐어서 손익계산서의 매출을 만들고, 그 과정 속에 현금이 회사로 들어와 현금흐름표가 구성됩니다. 그 현금으로 다시 자산을 사고, 그것을 또 헐어서 손익계산서에 연결시킵니다. 경영 활동은 재무제표 3개를 순차적으로 순환하며 기록하게 만듭니다. 재무제표의 핵심을 꼽는다면 '연결, 순환'입니다.

올해 좋았던 재무상태표는 작년의 손익계산서와 연결된 것입니다. 올해 재무상태표가 안 좋으면 내년에 아니면 지금 현재의 손익계산서에 어떤 식으로든 영향을 미칩니다.

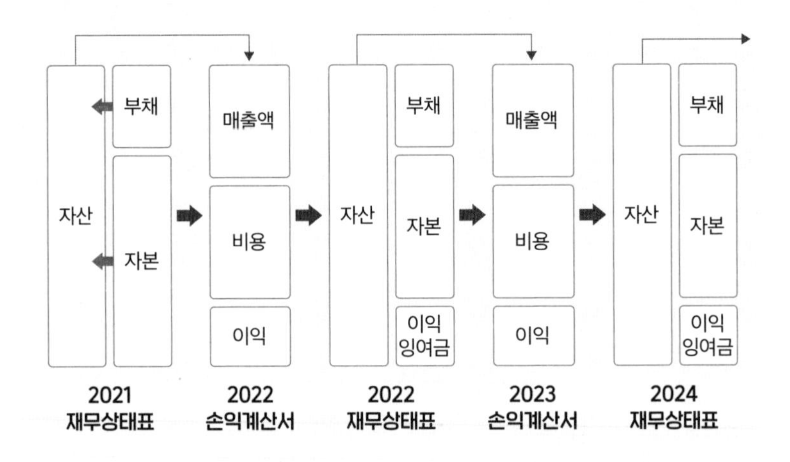

03

재무제표를 읽고 투자하라

뉴턴도 주식 투자를 했다

회사가 얼마 버는지 알 수 있는 손익계산서와 돈이 얼마큼 돌고 있는지 보여 주는 현금흐름표 2가지를 배우기 전에 재무제표가 왜 필요한지에 대해 이야기하고자 합니다. 쉽게 공감할 수 있도록 주식 투자 사례로 설명하겠습니다.

영국의 과학자 뉴턴은 만유인력의 법칙으로 유명합니다. 그런데 뉴턴이 '주식 투자' 관련하여 남긴 명언이 있습니다.

"천체의 움직임은 알아도 인간의 광기는 도저히 모르겠다."

뉴턴은 주식 투자로 현재 가치 20억 원의 전 재산을 잃은 적이 있습니다. 1720년 South Sea Company라는 회사가 주식을 발행해 투자자를 모았습니다. 영국 정부가 후원하는 회사였고 동인도 회사와 사업 성격이 비슷합니다.

이 회사는 남아메리카 무역 개발권과 관련 항구 조차권을 다 갖고 있다고 연일 홍보했습니다. 누가 봐도 성공할 것 같으니 주식 투자자가 몰렸고, 주가는 상승했습니다. 뉴턴은 초기에 투자해서 어느 정도 수익을 보고 나왔습니다. 뉴턴은 행복했습니다. 그런데 이후 뉴턴의 친구들도 이 회사 주식을 샀고, 주가는 더 많이 올랐습니다. 뉴턴은 친구들이 부자가 된 소식을 듣자, '나도 수익을 더 낼 수 있었는데, 친구들에게 가르쳐만 주었네.'라고 생각하며 다시 전 재산을 투자했습니다. 그런데 그렇게 수없이 좋다고 떠들었던 이 회사가 실제로는 '깡통'이었다는 사실이 드러났고, 주가는 곤두박질치고 말았습니다.

이러한 커다란 기업 사기, 분식회계가 발생하면 회계 제도가 발전합니다. 이후 대규모 투자자를 모으는 회사는 반드시 그 회사의 장부인 '재무제표'를 공개하는 제도가 도입되었습니다. 실제로 돈을 버는지, 자산은 우량한지를 투자자가 확인할 수 있게 말입니다.

뉴턴이 만약 South Sea Company의 재무제표를 보았다면 경영활동을 통해 돈은 하나도 못 벌고, 투자받은 돈으로 지탱하고 있다는 진실을 금세 알아 차렸을 것입니다. 똑똑한 뉴턴이 분명히 다시 투자하는 실수가 없었을 것입니다.

재무제표 읽기 아이디어

재무제표는 주식 투자를 위한 중요한 정보원입니다. 회사의 재무건전성과 성과에 대한 중요한 정보를 제공하며 투자자들이 회사의 성장 가능성과 수익성을 평가하는 데 도움이 될 수 있습니다. 재무상태표, 손익계산서, 현금흐름표 등 기업의 재무적 상황에 대한 보고서입니다.

투자자는 지정된 기간 동안 회사의 수익, 비용, 자산, 부채 및 현금흐름에 대한 변화를 재무제표로 확인할 수 있습니다. 해당 정보를 통해 투자자들은 회사의 재무적 강점과 약점, 이익 창출 능력과 현금흐름에 대한 통찰력을 얻을 수 있습니다.

통찰력은 투자 판단을 내리는 데 근거로 작동해야 합니다. 물론 재무제표 수치만으로 투자를 정하면 안 됩니다. 투자 결정을 내릴 때는 재무제표를 기본으로 하되 산업 동향, 거시 경제 상황, 기업별 리스크 및 기회 등과 같은 기타 요인도 고려해야 합니다.

재무제표는 법률에서 정한 대로 작성된다

재무제표는 법률에 의해서 작성, 공개가 정해져 있습니다. 「주식회사 등 외부 감사의 법률」에 의해서 외부감사 대상을 규정합니다. 재무제표를 작성하고 공개하는 기업은 크고, 사회적 영향력이 높은 회사입니다. 직전 연도 자산총액이 500억 원 이상 또는 매출액이 500억 원으로 성장한 회사가 대상입니다.

가장 기본적인 조건은 자산 120억 원 이상, 부채가 70억 원 이상,

주식회사 등의 외부감사에 관한 법률 시행령

[시행 2022. 5. 3.] [대통령령 제32626호, 2022. 5. 3., 일부개정]

제5조(외부감사의 대상) ① 법 제4조 제1항 제3호 본문에서 "직전 사업연도 말의 자산, 부채, 종업원 수 또는 매출액 등 대통령령으로 정하는 기준에 해당하는 회사"란 다음 각 호의 어느 하나에 해당하는 회사를 말한다. 〈개정 2020. 10. 13.〉

1. 직전 사업연도 말의 자산총액이 500억원 이상인 회사
2. 직전 사업연도의 매출액(직전 사업연도가 12개월 미만인 경우에는 12개월로 환산하며, 1개월 미만은 1개월로 본다. 이하 같다)이 500억원 이상인 회사
3. 다음 각 목의 사항 중 2개 이상에 해당하는 회사

가. 직전 사업연도 말의 자산총액이 120억원 이상

나. 직전 사업연도 말의 부채총액이 70억원 이상

다. 직전 사업연도의 매출액이 100억원 이상

출처: 국가법령정보센터

매출액이 100억 원 이상, 종업원이 100인 이상 조건 중에서 2개 이상 해당되는 회사입니다. 조건의 의미를 종합해 보면 규모가 크고, 채권자가 많으며, 제조 또는 서비스를 널리 제공하는 100명 이상의 임직원이 일하는 회사는 재무제표를 작성하고 공개해야 합니다.

게다가 이것을 법으로 정해 놓았습니다. 핵심은 '법'으로 정해 놓았기 때문에 만들어진 정보가 굉장히 객관적이고 정확하다는 사실입니다. 다시 말해 재무제표에 나온 숫자는 정확합니다. 만약 법에서 정해 놓은 원칙대로 재무제표를 적지 않는다면 법률 위반에 적용되는 처벌을 받게 됩니다. 과징금이 문제가 아니라 사회적으로 신뢰할 수 없는 기업으로 인식될 수 있습니다.

또 하나의 특징은 재무제표는 공개된다는 것입니다. '투명성'이라는 것은 나만 보는 게 아니라 누구나 같이 볼 수 있고, 동시에 볼 때 생깁니다. DART를 통해서 확인할 수 있는 기업의 재무제표는 일반인뿐만 아니라 재무 정보 전문가인 애널리스트, 신용평가사, 연구원 등 모든 사람이 동시에 확인합니다. 누군가가 1초라도 먼저 볼 수 없습니다. 공정하게 공개된 정보를 '동시에' 보도록 시스템을 갖추고 있습니다.

DART에서 확인한 숫자는 누구라도 자신 있게 그냥 그 숫자를 읽으면 됩니다. 숫자를 통해 회사의 상태를 바로 알 수 있고, 공개된

● DART 두나무 2021 사업보고서 ●

문서목차

5. 위험관리 및 파생거래
6. 주요계약 및 연구개발활동
7. 기타 참고사항
III. 재무에 관한 사항
1. 요약재무정보
2. 연결재무제표
3. 연결재무제표 주석
4. 재무제표
5. 재무제표 주석
6. 배당에 관한 사항
7. 증권의 발행을 통한 자금조
8. 기타 재무에 관한 사항
IV. 이사의 경영진단 및 분석의견
V. 회계감사인의 감사의견 등
1. 외부감사에 관한 사항
2. 내부통제에 관한 사항
VI. 이사회 등 회사의 기관에 관한
1. 이사회에 관한 사항
2. 감사제도에 관한 사항
3. 주주총회 등에 관한 사항
VII. 주주에 관한 사항
VIII. 임원 및 직원 등에 관한 사
1. 임원 및 직원 등의 현황
2. 임원의 보수 등
IX. 계열회사 등에 관한 사항
X. 대주주 등과의 거래내용
XI. 그 밖에 투자자 보호를 위하여

1. 임원 및 직원 등의 현황

가. 등기임원 현황

(기준일 : 2021년 12월 31일)

성명	성별	출생년월	직위	등기임원 여부	상근 여부	담당 업무	주요경력
송치형	남	1979년 09월	사내이사	사내이사	상근	이사회 의장	서울대학교 졸업 (전)다날 (전)이노무브 (현)두나무(주) 이사회 의장
김형년	남	1976년 06월	사내이사	사내이사	상근	EVP	서울대학교 졸업 (전)다날 (현)두나무(주) EVP
이석우	남	1966년 02월	대표이사	사내이사	상근	대표이사	서울대학교 졸업 (전)카카오 CEO (전)중앙일보 조인스 공동대표 (현)두나무(주) 대표이사
이성호	남	1980년 01월	사외이사	사외이사	비상근	사외이사 및 감사선임위원회 위원장	(현)(주)카카오 CFO
오경석	남	1976년 05월	감사	감사	비상근	감사	고려대학교 경영학과 졸업 (전)삼일회계법인 공인회계사 (전)수원지방법원 판사 (전)김&장 법률사무소 변호사 (현)(주)팬코 대표이사 사장

숫자이니 출처를 밝히기만 하면 신뢰성의 시비가 일어날 수 없습니다. 형식은 딱딱하지만 금방 익숙해집니다. 그래서 재무제표는 제일 믿을 수 있는 기업 정보라고 볼 수 있습니다.

기업의 다양한 내부 정보를 담고 있다는 점도 또 하나의 장점입니다. 개인정보는 손쉽게 얻을 수 없습니다. 그러나 기업에서 CEO 등 경영진의 성향은 영향력이 아주 크기 때문에 '사업보고서'나 '분기보고서'에 학력과 경력을 밝혀 놓습니다. '임원 및 직원 등의 현황'에는 성명, 성별, 출생년월, 직위, 담당 업무, 주요 경력, 재직 기간 등 주요 임원의 신상이 공개되어 있습니다. CEO나 대주주의 경우에는 심지어 학력과 타 회사 겸직 상황 등도 표기되어 있습니다. 그만큼 의사결정권자가 중요하기 때문입니다.

이런 정보는 인터넷 검색을 통해서도 찾을 수 있습니다만 간혹 확인되지 않은 오류가 있습니다. 그런데 '사업보고서' 등에 표기한 회사 임원들의 경력은 회사가 직접 작성했기 때문에 틀릴 이유가 없습니다.

그 밖에도 '사업보고서'에는 원재료 매입 현황이라든지, 주요 제품의 가격변동 추이, 시장점유율까지 다양한 산업 정보를 찾아볼 수 있습니다. 이해관계자에게 회사를 좀 더 정확히 이해시키기 위해서 꼭 필요한 정보를 넣다 보니, 어디에서도 손쉽게 찾기 힘든 통계가 한자리에 모여 있습니다.

이러한 보고서 형태의 재무제표는 정기공시 외에도 수시로 회사와 관련된 (악영향을 주는) 중요한 사건이 발생하면 공시해야 합니다. 재무제표 공개는 '우리 회사가 재무적으로 이렇습니다.'라고 공개적으로 밝히라고 법에서 정한 것입니다. '우리 회사가 좀 안 좋은데 이것은 쓰지 말아야겠다.'라는 태도를 취한다면 취지에 어긋나는 반대 행동입니다. 그렇기에 안 좋은 상황은 '반드시' 알리도록 공시규정을 따로 정하고 있습니다. 위반했을 때는 회사가 징계나 과징금을 받게 법으로 장치를 마련해 두었습니다.

정리하면 천재 과학자 뉴턴은 재무제표를 보지 못해 투자에서 '폭망'했던 것입니다. 재무제표는 법률에서 정하고 있어서 굉장히 '객관적'이고, 각종 회사에 대한 '중요한 정보'를 포함하고 있기 때문에 '누구나 봐야 합니다.' 사회생활을 한다면 재무제표 읽기는 부가적인 행위가 아닙니다. 필수입니다.

가장 정확하고 '객관적인 기업 정보 = 재무제표'이므로 어떤 기업에 관심이 있다면 재무제표가 왜 필요하고, 왜 봐야 하는지, 따지지 말고 무조건 재무제표를 봐야 합니다. 물론 재무제표가 실제 회사를 100% 반영해서 보여 주지는 않습니다. 담백하게 숫자를 중심으로 나열되어 있습니다. 이 회색의 기업 숫자를 좀 더 다양한 색상으로 바꾸고 이야기로 풀어 보려면 여러분의 해석이 조금 필요합니다.

04

재무제표를 알아야 하는 이유

회사의 숫자로 의도를 파악할 수 있다

재무제표의 숫자가 어려운 이유는 그 숫자가 어떤 의미를 가지는지 잘 파악하지 못하기 때문입니다. 실제로 숫자는 증감을 나타내는 수치에 불과합니다. 그래서 해석에 대한 방향을 잡기 힘들 때가 있습니다. 하지만 차근차근 접근하면 충분히 이해할 수 있으니 지레 어렵다고 생각하지 않기 바랍니다.

이번에는 손익계산서와 현금흐름표에 대해 설명해 보겠습니다. 손익계산서는 회사의 성적표로 비유할 수 있습니다. 영업이익과 당기순이익은 정말 많이 들어 보지 않았나요? 아마도 재무제표 용어 중 가장 익숙한 단어일 것입니다. 그런데 둘 다 이익인데 어떤 차이가 있을까요?

기본적으로 투자하기 위해 회사에 대한 재무제표를 보는 사람들은 손익계산서의 영업이익을 제일 먼저 확인합니다. 회사의 이익에 대한 지표는 회사에서 초미의 관심사입니다. 특정 시점에 어떤 제품이 이익을 남겼는지, 혹은 어느 부서와 누가 얼마나 이익을 남겼는지는 항상 화젯거리입니다. 회사 밖의 분들도 영업이익은 제일 많이 찾아보는 숫자입니다. 그런 면에서 매출액과 영업이익이 표기된 손익계산서는 꽤 친근한 재무제표입니다.

하지만 의외로 영업이익과 당기순이익을 구별하지 못합니다. 이 둘의 차이에 대해 헷갈리는 사람이 많습니다. 영업이익은 회사가 가진 정관상의 영업에 대해서 벌어들인 이익이고, 당기순이익은 이익 중에서 최종적으로 회사가 가져가는 돈입니다. 예를 들어 영업이익 100억 원, 당기순이익 60억 원의 손익계산서를 본다면 '이 회사는 100억 원의 성적을 냈고, 실제로 가져간 돈은 60억 원이네.'라고 해석해야 합니다. 둘 다 이익으로 표기되어 있다고 그 의미를 비슷하게 받아들이면 안 됩니다.

이익을 회사 경영 활동의 결과를 나타내는 '지표'로 본다면 관점이 달라집니다. 이익의 기여자로 종업원으로 볼 때와 경영자의 입장 차이일 수 있습니다. 아무래도 사장은 종업원이나 투자자보다 더 많이 이익에 몰입합니다. 당연히 사장이 재무제표 이익에 가장 많이 관심을 가질 수밖에 없습니다. 또한 재무제표를 만드는 이유 자체가 원칙적으로 회사의 이익을 최대한 끌어내기 위한 '의사결정' 자료이기 때문입니다.

제조업일 경우 원가관리, 법인세를 내기 위한 회계처리 그리고 손익분기점을 낮추기 위한 각종 노력 등 매출액을 높이거나, 영업·마케팅 효과에 집중하는 것 이상으로 관리적인 측면에서 이익을 높이는 데 집중해야 합니다. 회사의 이익을 최우선에 두지 않으면 사업에서 성공하기 어렵습니다. 심지어 '분식회계'라는 최악의 수단을 고려하는 등 회사를 살리기 위한 방법을 마련해야 할 때도 있습니다.

늘 정상적인 경영 환경이 사장에게 주어지는 게 아닙니다. 이익에 대한 강한 욕망이 없다면 사장이 아니라고 합니다. 회사의 성적인 '영업이익'도 중요하지만 진짜 가져갈 수 있는 '당기순이익'이 더 중요합니다. 사장에게는 절대 비슷한 숫자가 아닙니다.

회사의 숫자는 기업의 재무 정보로 회사를 이롭게 만드는 쪽으로 작성하려고 노력할 수밖에 없습니다. 어느 회사가 매출액을 줄이고, 회사가 불안해 보이도록 숫자를 표시하겠습니까? 재무제표에 대해 사장의 고민은 깊어질 수밖에 없습니다.

그러나 사장과 입장이 다른 직장인은 수동적으로 재무제표를 봅니다. 그런데 재무제표 읽기가 재미있어지려면 '사장의 관점'에서 보아야 합니다. 그러면 정말 느낌이 달라집니다. '회사가 어떻게 하면 이익을 낼 수 있지?', '어느 쪽에서 이익을 더 강조해야 장기적으로 좋을까?', '이번 해만 더 이익을 화려하게 나타낼 수 있는 걸로 조정하자.' 등 재무제표를 두고 다양한 방식으로 검토할 수 있습니다.

회사가 이런 고민의 결과로 내놓은 숫자의 집합을 재무제표라고 보면 해당 수치의 변동이 점차 이야기로 들립니다. '아하! 이래서 이 회사가 자회사에다 이걸 밀고, 저걸 당겨 왔구나!' 하는 식으로 이해의 폭이 달라집니다. 기본적인 변화는 '내가 사장이라면'에서 시작합니다. 회사를 내가 속한 큰 조직으로 보면 보이지 않던 것이 '내가 사장이라면' 돈을 벌려고 하는 목표가 있기 때문에 보이게 됩니다.

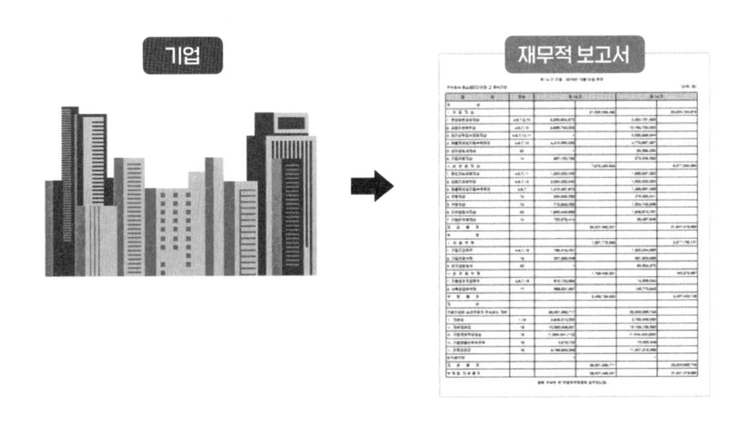

재무제표를 읽으면 회사를 추측할 수 있다

이익에 대한 생각이 달라지면 재무제표가 조금 더 재미있어집니다. 재무제표는 요약된 보고서로 회사의 결산을 마치고 재무 상황의 핵심만 추려 놓은 것입니다. 그 보고서가 공개되고 나면 숫자를 보고 역으로 결산을 마친 회사의 상황을 추정해서 볼 수 있습니다.

회계 정보를 '재무회계'로 작성한 보고서라고 말하는 이유는 재무제표에 나와 있는 숫자는 기업이 은행과 채권자에게 '우리 이렇게 건전해요. 우리 상태 좋아요. 우리 잘 벌어요. 그러니 앞으로도 채무 관계 잘 맺읍시다.' 등을 어필하기 위해서 딱 재무건전성을 표현하는 숫자로만 만든 것이기 때문입니다.

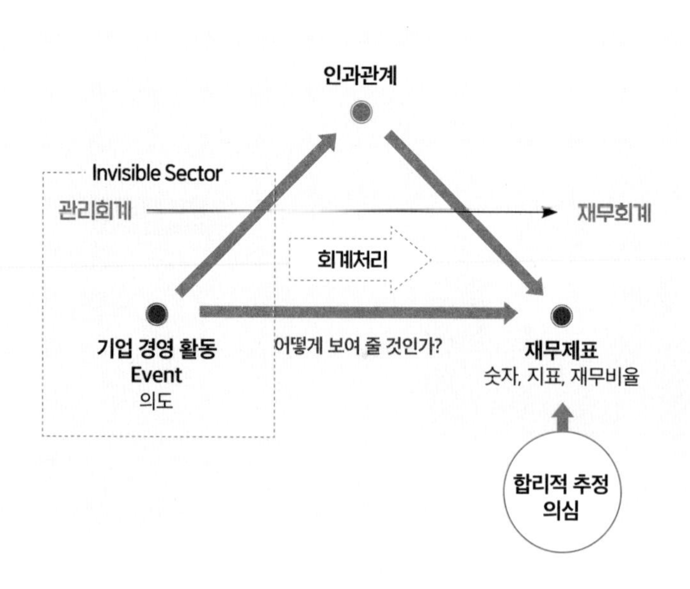

실제로 회사는 이보다는 더 경영 실체를 나타내는 '관리회계' 수치를 측정하고 관리합니다. 관리회계 수치에는 회사의 매우 중요한 정보, 특히 영업기밀이 담겨 있습니다. 외부에는 드러내면 안 되는 대외비 정보입니다. 그런데 회사가 문제없다는 것은 알려야 하니 밖에서 봤을 때 어느 정도 괜찮은지, 은행과 투자자에게 제출하는 '재무회계 정보'만 공개합니다. 회사를 더 잘 이해하기 위해서는 내부 정보를 담고 있는 관리회계 수치를 알면 더욱 정확하지만 관계자가 아니라면 그것을 확인하는 것은 불가능합니다.

재무제표 읽기는 추리와 함께한다

다만 추리력을 동원하면 실체와 가까운 그림을 그려 볼 수 있습니다. 전제는 관리회계 수치는 아예 재무회계와 동떨어진 게 아니고 각종 지표와 함께, 특히 회사가 어떻게 숫자를 보여 줄지 고민한 결과 나온 것이라는 겁니다. 그러니 거기서 회사의 '의도'를 고려해 봅니다. 즉 약간의 의심을 품고 숫자를 만든 시점에서 그보다 앞선 경영 활동의 인과관계를 추론하는 습관을 들여야 합니다. 그러면 숫자가 조금 다른 사실을 고백할 것입니다.

숫자를 그대로만 보지 말고 그 안에 어떤 이면이 있냐는 호기심을 가지는 태도가 필요합니다. 재무제표는 읽기와 추리를 함께해야 제대로 읽을 수 있습니다.

2장

재무상태표는 컨트롤 타워다

01

재무상태표란 무엇인가?

● DART CJ오쇼핑 2017 재무상태표 ●

재무상태표는 누적과 분포를 보여 준다

재무제표 중에서 가장 맨 처음 나오는 것이 재무상태표입니다. 회사 재무제표의 컨트롤 타워라는 별칭을 가질 만큼 중요한 재무제표입니다. 재무상태표는 '누적'과 '분포' 딱 2가지만 기억하면 됩니다. 누적된 자산과 부채, 자본의 분포입니다.

재무상태표를 우선 눈으로 살펴보겠습니다. 가장 많이 나오는 단어가 무엇인가요? 유동자산, 금융자산, 유형자산, 이연법인세자산 등 자산이라는 단어입니다. 즉 재무상태표는 자산에 관련된 표입니다. 또한 손익계산서와 현금흐름표와 달리 재무상태표의 가장 큰 차이점은 '누적'입니다.

재무상태표는 사업을 시작한 첫해부터 지금까지 차곡차곡 쌓인 자산의 상태를 알려 주는 표입니다. 그래서 재무상태표를 우리 몸 상태를 나타내는 건강검진표에 비유합니다. 건강검진표는 근육 ○○%, 지방 ○○% 등 몸에 쌓여 있는 구성 요소의 분포를 확인해 줍니다. 마찬가지로 재무상태표 역시 회사가 가진 자산의 분포를 확인하도록 구성되어 있습니다.

회사는 그동안 무수히 많은 자산을 사고, 팔고 그리고 그 자산을 이용해서 여러 가지 경영 활동을 전개했을 것입니다. 이를 보고 시점(보통 연도 말) 기준으로 재무 상태를 보여 주는 게 재무상태표입니다. 재무제표의 기수만큼 쌓이고, 쌓이고, 쌓여서 지금까지 누적된 자산의 모습이 되었습니다. 그것을 재무상태표라는 보고서 형태로 볼 수 있습니다.

요약하자면 재무상태표는 회사가 시작된 처음부터 지금까지 '자산의 누적된 분포'를 보고 시점에 '딱' 맞춰서 '우리 회사의 현재 상태는 이렇습니다.'라고 말해 주는 것입니다. 가장 큰 금액으로 "우리 회사가 가지고 있는 자산은 이렇고, 부채는 이렇고, 자본은 이렇습니다. 저희 괜찮죠?"라고 이야기해 주는 재무제표가 바로 재무상태표입니다.

그런데 전체만 이야기하면 너무 큰 그림이니 각각의 비교치가 될 수 있는 항목으로 정리하고 계산해 낼 수 있습니다. 자산총계와 각 항목의 수치만 알면 '나누기'를 통해 쉽게 분포를 확인할 수 있습니다. "유형자산이 자산 중에 ○○%를 차지하고 있다."는 재무 상태에 대한 기술은 분포의 크기에 따라 완전히 다른 의미를 갖게 됩니다.

예를 들어 건강검진표를 보고 의사가 "전체에서 지방이 40%이고, 근육량이 20%입니다."와 그냥 "지방이 40%이고 근육량이 20%입니다."라고 말한다면 둘은 전혀 다른 의미입니다. 어떤 자산을 갖고 있는가도 중요하지만 전체 대비 얼마나 보유하고 있는지는 회사 성향을 드러내는 중요한 정보입니다.

물론 그 숫자가 구체적인 회사의 소유물을 뜻하지는 않습니다. 건물이든 아니면 원재료이든, 기계설비든 현실의 실체를 돈으로 환산한 숫자입니다. 하지만 현재 발전 가능성이 높은 자산을 어느 정도 보유하고 있고, 그 분포의 변화에 따라 회사의 적극성을 유추할 수 있습니다. 가능성에 대한 적극성 또는 회사의 움직임을 그릴 수 있다는 것입니다. 그리고 '분포'로 나타내면 크기가 다른 2개 회사를 비교할 때도 확연한 차이를 그을 수 있습니다.

재무상태표는 회사가 경영 활동을 하기 위해서 그동안 쌓아 둔 자산의 규모와 가치가 얼마인지 곧바로 확인할 수 있습니다. 한편 이해관계자에게 우리 회사의 가치와 앞으로 집중하고 있는 자산이 무엇인지를 보여 줍니다.

재무상태표 읽기(feat. 삼성전자)

재무제표를 읽는 법을 배우는 목적은 '모든 재무제표가 쉬운' 것이 아니라 '여러분이 읽는 재무제표가 쉬워지는' 데 있습니다. 재무제표를 직접(스스로) 읽을 수 있게 되면 여러분이 기업을 더 쉽게 이해할 수 있게 됩니다. 그러려면 필요한 것만 골라서 읽는 선구안을 가져야 합니다.

삼성전자의 재무상태표를 살펴보겠습니다. 여러 개의 항목과 숫자가 나열되어 있는데 빨간 박스 안의 항목을 살펴보겠습니다. 무슨 글자가 가장 많이 나오나요? 자산입니다. 즉 재무상태표가 알려주고자 하는 내용은 '자산'입니다. 그중에서 무엇이 중요하고, 우리가 볼 수 있고 해석할 수 있는 자산이 무엇인지만 안다면 재무상태표를 보는 것이 어렵지 않습니다. 회계 공부를 특별히 하지 않더라도 확신을 갖고 재무 수치를 활용할 수 있는 수준까지는 쉽게 익힐

● DART 삼성전자 2022 반기보고서: 재무상태표 ●

연결 재무상태표

제 54 기 반기말 2022.06.30 현재

제 53 기말 2021.12.31 현재

(단위 : 백만원)

	제 54 기 반기말	제 53 기말
자산		
유동자산	236,287,491	218,163,185
현금및현금성자산	39,583,141	39,031,415
단기금융상품	84,428,822	81,708,986
단기상각후원가금융자산	1,253,196	3,369,034
단기당기손익-공정가치금융자산	55,505	40,757
매출채권	44,026,232	40,713,415
미수금	5,690,479	4,497,257
선급비용	3,141,748	2,336,252
재고자산	52,092,241	41,384,404
기타유동자산	6,016,127	5,081,665
비유동자산	211,753,159	208,457,973
기타포괄손익-공정가치금융자산	11,610,592	13,965,839
당기손익-공정가치금융자산	1,382,193	1,525,344
관계기업 및 공동기업 투자	10,382,938	8,932,251
유형자산	154,254,576	149,928,539
무형자산	20,096,926	20,236,244
순확정급여자산	2,131,474	2,809,590
이연법인세자산	5,114,332	4,261,214
기타비유동자산	6,780,128	6,798,952
자산총계	448,040,650	426,621,158

수 있습니다.

삼성전자의 재무상태표 끝에는 자산총계가 합쳐서 기록되어 있습니다. "삼성전자는 2022년 반기 기준 448조 406억 원의 자산을 소유하고 있습니다." 유동자산과 비유동자산은 절반 정도씩으로 나뉘어 각각 약 236조 원과 약 211조 원으로 구성되어 있습니다. 유동과 비유동으로 나누는 기준은 1년입니다.

재무상태표의 윗부분은 유동성, 즉 빨리 팔릴 수 있는 자산(현금, 금융자산, 매출채권 등)으로 배치하고, 아랫부분은 팔리는 데 1년 이상 걸리는 고정자산으로 배치하고 있습니다. 즉 재무상태표는 유동성이 높은 순서대로 나열되어 있습니다. 재무상태표를 읽는 사람이 '삼성전자 어떤 자산으로 이뤄졌지?' 하고 궁금할 때 규칙성을 가지면 금세 찾고 싶은 자산을 찾을 수 있습니다. 재무상태표는 다른 회사와 비교할 때도 편합니다.

재무제표 읽기 아이디어

개념과 이론적 배경보다 실제 재무제표를 통해 공부하면 좋습니다. 그렇게 해야 하는 이유는 어차피 이 안에서 문제를 해결해야 하기 때문입니다. 어떤 기업에 대해서 궁금한 점이 생겼고, 혹은 어떤 정보의 정확성을 확인하기 위해서 재무제표를 열었다면 재무제표 안에서 답을 내야 합니다.
회계 교과서를 보거나 회계에 관한 강의를 들어도 막상 내가 어떤 회사의 재무제표를 직접 보고 그 안에서 필요한 정보를 익숙하게 가져오지 못한다면 아무 쓸모가 없습니다. 애초부터 재무제표로 회계를 공부하면 오히려 '간접적인' 해설이 없어서 직관적인 독해가 가능합니다. 재무제표에 나와 있는 '딱딱한' 숫자와 글자 속에는 회사에 대한 무언가의 내용이 담겨 있습니다.
어떻게 하면 그럴싸하게 그리고 내가 이해할 수 있는 수준의 이야기가 될지 궁리하면서 재무제표를 읽어야 공부가 늡니다. 재무제표 곳곳에 힌트가 숨어 있습니다.
재무제표는 자산을 기준으로 볼 때 상대적으로 큰 금액이 중요합니다. '금액이 큰' 항목이 중요한 사실일 경우가 많습니다. 회사의 손익과 재무 상태를 좌지우지할 수 있는 큰 숫자에 관심을 가져야 합니다. 전체와 부분을 비교하고 주석을 오가려면 '숫자 세는 법'이 빨라야 합니다.

재무상태표에서는 부채와 자본 항목도 확인할 수 있습니다. 남의 돈을 얼마나 조달하고 있는지, 나의 투자 자본은 어느 정도인지를 재무상태표만 보아도 정확히 알 수 있습니다. 자본과 부채가 많은지 적은지를 가늠할 때는 기준점이 있어야 합니다. 자산이 바로 그 역할을 합니다.

약 120조 원의 삼성전자 부채는 이 숫자만으로는 매우 크게 보입니다. 하지만 자산총계 약 448조 원과 자본총계 약 328조 원을 함께 견주어 보면 오히려 부채가 적다고 느낄 수 있습니다.

재무상태표 항목별 특징 알아보기

재무상태표와 익숙해지기 위해서 먼저 모양을 봅니다. 가장 먼저 확인해야 할 것은 재무제표가 만들어진 '기수'입니다. 2022년 6월 30일까지 54기 반기라고 되어 있습니다. '2022년까지 54번째 보고서'라는 뜻입니다. 단위는 '백만 원'입니다. 이 재무상태표 안에 있는 숫자는 모두 백만 원 단위라는 의미입니다.

왼쪽 빨간 박스 안에는 항목이 있고, 그 옆에는 주석 번호가 나열되어 있습니다. 그리고 옆에 2개의 칼럼 숫자가 있습니다. 가장 아래의 자산총계부터 보겠습니다. 자산총계는 448,040,650입니다. 단위가 백만 원이니 '억 원'으로 치환하면 448조 406억 원입니다.

재무상태표는 회사의 일이나 재무에 관련된 표입니다. 항목을 쭉 살펴보면 유동자산, 현금및현금성자산, 금융자산, 재고자산 등이 나오고, 이후로도 ××자산, ××자산, ××자산 다 자산이 나옵니다. 즉 재무상태표는 회사가 가지고 있는 자산을 보여 주는 표입니다.

그런데 특징적인 면이 있습니다. 배치 순서입니다. 유동자산이 제일 먼저 나오고, 각 항목이 나열된 뒤, 다시 비유동자산이 나옵니다. 자산 항목이 크게 유동과 비유동으로 구분되어 있습니다. 유동자산이 몇 개 있는데 그것들의 소개가 유동자산 한 칸 뒤에 쓰여 있고, 비유동자산도 마찬가지 배치입니다.

유동과 비유동을 나누는 기준은 1년입니다. 1년 안에 팔 수 있는 자산은 유동자산, 1년이 넘는 고정자산은 비유동자산으로 구분합니다. 배치 순서는 보통 위에서 아래로 빨리 팔 수 있는 것부터 느린 순입니다.

좌우 모양을 보면 재무상태표에는 항상 2개 기수의 칼럼(세로칸)이 나옵니다. 이는 지난번 또는 지난 기수와 바로 비교할 수 있도록 배치해, 증감이 큰 항목이 무엇인지 눈으로 확인할 수 있습니다. 예를 들어 자산총계가 급격히 늘었다면 그 이유가 무엇인지 찾을 때 전기 대비 수치 변화가 큰 항목이 바로 눈에 띌 것입니다.

위에서 아래까지 모든 자산의 총합인 자산총계는 회사가 가지고 있는 모든 재산과 가치에 대한 합계라고 할 수 있습니다. 각각의 항목마다 그 가치를 '돈'으로 환산해 숫자로 표기했습니다. 그래서 무척 손쉽게 각각의 항목이 전체 자산에 대비해 몇 %의 분포를 이루는지 쉽게 파악할 수 있습니다.

재무상태표의 가장 핵심적 정보는 '자산'임에 틀림없으나 이 표에는 부채와 자본도 기록되어 있습니다. 우선 형태를 익히는 게 중요합니다. 부채는 쉽습니다. 빚입니다. 남에게 진 빚도 유동부채와 비유동부채로 구분합니다. 1년 안에 갚아야 할 빚은 유동부채, 1년이 지나서 갚아도 문제없는 빚은 비유동부채입니다.

역시 부채 항목은 다 ××부채, ××채무 등의 용어를 씁니다. 합계인 부채총계만 읽어 보겠습니다. 120조 1,339억 원입니다. 삼성전자는 2022년 반기 기준으로 약 120조 원의 빚을 가지고 있습니다. 이 수치만 보면 대단히 큰 빚덩이로 보이지만, 재무제표의 모든 숫자는 전 재산인 '자산'을 기준으로 판단해야 합니다.

● DART 삼성전자 2022 반기보고서: 재무상태표 ●

서목차
기 보 고 서
대표이사 등의 확인 】
회사의 개요
—1. 회사의 개요
—2. 회사의 연혁
—3. 자본금 변동사항
—4. 주식의 총수 등
—5. 정관에 관한 사항
사업의 내용
—1. 사업의 개요
—2. 주요 제품 및 서비스
—3. 원재료 및 생산설비
—4. 매출 및 수주상황
—5. 위험관리 및 파생거래
—6. 주요계약 및 연구개발활동
—7. 기타 참고사항
. 재무에 관한 사항
—1. 요약재무정보
—2. 연결재무제표
—3. 연결재무제표 주석
—4. 재무제표
—5. 재무제표 주석
—6. 배당에 관한 사항
—7. 증권의 발행을 통한 자금조
—8. 기타 재무에 관한 사항
. 이사의 경영진단 및 분석의견
회계감사인의 감사의견 등
—1. 외부감사에 관한 사항
—2. 내부통제에 관한 사항

이연법인세자산	5,114,332	4,261,214
기타비유동자산	6,780,128	6,798,952
자산총계	448,040,650	426,621,158
부채		
유동부채	83,362,268	88,117,133
매입채무	12,560,726	13,453,351
단기차입금	12,989,188	13,687,793
미지급금	13,659,750	15,584,866
선수금	1,271,491	1,224,812
예수금	762,316	1,294,052
미지급비용	27,243,067	27,928,031
당기법인세부채	6,067,653	6,749,149
유동성장기부채	952,811	1,329,968
충당부채	5,995,790	5,372,872
기타유동부채	1,859,476	1,492,239
비유동부채	36,771,718	33,604,094
사채	553,783	508,232
장기차입금	2,943,208	2,866,156
장기미지급금	2,871,992	2,991,440
순확정급여부채	517,143	465,884
이연법인세부채	26,341,382	23,198,205
장기충당부채	2,278,231	2,306,994
기타비유동부채	1,265,979	1,267,183
부채총계	120,133,986	121,721,227

● DART 삼성전자 2022 반기보고서: 재무상태표 ●

문서목차

- 반 기 보 고 서
- 【 대표이사 등의 확인 】
- I. 회사의 개요
  - 1. 회사의 개요
  - 2. 회사의 연혁
  - 3. 자본금 변동사항
  - 4. 주식의 총수 등
  - 5. 정관에 관한 사항
- II. 사업의 내용
  - 1. 사업의 개요
  - 2. 주요 제품 및 서비스
  - 3. 원재료 및 생산설비
  - 4. 매출 및 수주상황
  - 5. 위험관리 및 파생거래
  - 6. 주요계약 및 연구개발활동

기타비유동부채	1,265,979	1,267,183
부채총계	120,133,986	121,721,227
자본		
지배기업 소유주지분	318,830,612	296,237,697
자본금	897,514	897,514
우선주자본금	119,467	119,467
보통주자본금	778,047	778,047
주식발행초과금	4,403,893	4,403,893
이익잉여금(결손금)	310,216,785	293,064,763
기타자본항목	3,312,420	(2,128,473)
비지배지분	9,076,052	8,662,234
자본총계	327,906,664	304,899,931
부채와자본총계	448,040,650	426,621,158

재무상태표에서는 부채 말고 '내 돈' 자본도 확인할 수 있습니다. 삼성전자의 자본은 약 327조 원입니다. 자본에는 소유주 지분이 있고, 자본금과 주식발행초과금 등 투자받은 돈, 경영 활동 동안 사내 유보한 돈 그리고 재투자한 돈이 구분되어 있습니다. 회사 스스로 벌어서 쌓은 이익잉여금 역시 자본 항목에 포함되어 있습니다. 삼성전자의 자본총계는 327조 9,066억 원 정도입니다.

정리하면 우선 형태를 익히는 게 좋습니다. 첫 번째 재무제표 재무상태표의 모양을 다시 떠올려 보세요. '재무상태표'라는 재무제표를 보면 회사가 가진 '자산'의 항목들을 볼 수 있고, 부채와 자본의 항목 역시 볼 수 있다는 점을 기억하세요. 자산, 부채, 자본을 여기서 확인할 수 있습니다.

02

재무상태표로 알 수 있는 것

자산은 부채와 자본을 더한 것이다

재무상태표를 보면 이 회사가 누적으로 몇 년간 쌓아 놓은 자산이 어느 정도이고, 지금 가진 자산이 각각 몇 퍼센트로 이루어져 있는지를 알 수 있습니다. 또한 재무상태표는 자산과 부채, 자본의 관계를 한눈에 파악할 수 있습니다.

'자산 = 부채 + 자본'이라는 회계등식을 본 적이 있을 것입니다. 재무상태표를 표현하는 수식입니다. 재무상태표는 자산의 누적과 분포를 보여 주는데 그 자산을 무엇으로 샀을까요? 그렇습니다. 회사가 가진 '돈'입니다. 회계등식은 그 관계를 단순화시킨 '산식'에 불과합니다.

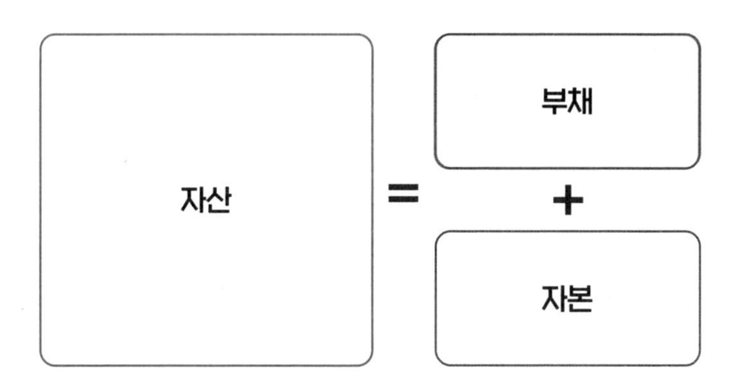

자산을 단순하게 정의하자면 '팔 수 있는 모든 것들의 합'입니다. 재무상태표의 자산 항목 수치는 그 항목의 자산을 보고하는 시점에 '그동안 산 자산이 이만큼의 가치가 있고, 지금 당장 시장에 내다 팔면 이만큼 될 것'이라는 뜻입니다.

삼성전자를 지금 당장 판다면 재무상태표상의 장부가치로 보면 약 400조 원이 넘는 회사라는 것입니다. 그런데 400조 원이라는 자산을 만들기 위해서 어떤 시점에 어떤 자금으로 샀을 것입니다. 자산을 이루기 위해서 어떤 돈을 사용했는지를 재무상태표 회계등식이 보여 줍니다. 남의 돈인 '부채'로 산 것이 얼마인지, 내 돈인 '자본'으로 산 것이 얼마인지를 보여 줍니다.

재무상태표는 자산, 부채, 자본 순서로 나타냅니다. 하지만 위 그림처럼 자산 = 부채 + 자본을 그려 보면 재무상태표를 '자산의 출처'를 나타내는 표로 해석할 수도 있습니다. 회계등식을 풀어서 글로 나타내면 "이만큼의 자산을 만들기 위해서 남의 돈을 얼마큼 끌어 왔고, 내 돈이 얼마나 들었다."로 바꿀 수 있습니다.

예를 들어 보겠습니다. 어떤 회사의 재무상태표가 '자산 200억 원 = 부채 80억 원 + 자본 120억 원'으로 구성되어 있습니다. 그렇다면 "회사는 자산 200억 원을 이루기 위해서 스스로 120억 원을 갖고, 빚을 80억 원 조달했다."라고 해석할 수 있습니다.

회계등식으로 부채비율을 확인한다

재무상태표 회계등식은 자산의 출처뿐만 아니라 재무건전성의 대표 지표인 '부채비율'을 이해하는 데도 도움이 됩니다. 재무상태표를 통해서 부채비율을 바로 확인할 수 있습니다. 부채비율은 회사가 가진 자본과 부채 즉 빚과 내 돈의 구성비를 나타내는 아주 단순한 지표입니다. 회계등식을 사용하면 회사의 건전성을 알려 주는 가장 단순하면서도 파워풀한 부채비율을 바로 구할 수 있습니다.

예를 들어 자산이 120억 원짜리 회사가 있는데 부채가 60억 원이고 자본이 60억 원입니다. 이것은 남의 돈 60억 원과 내 돈 60억 원으로 사업을 시작했다는 의미입니다. 이해를 돕기 위해 좀 작은 규모로 예를 들겠습니다. 1억 2천만 원짜리 치킨집을 한다고 생각해 보겠습니다. 내가 종잣돈으로 6천만 원을 들였고 친구한테 6천만 원을 빌려서 시작했습니다. 여기서 부채비율은 내가 진 빚의 비중

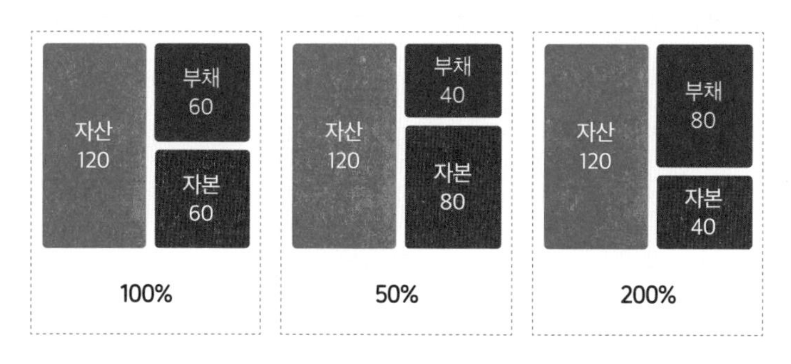

$$\text{부채비율} = \frac{\text{부채(남의 돈)}}{\text{자본(자기 돈)}} \times 100$$

입니다. 친구에게 얻은 빚이 내 돈과 같으니 부채비율 100%가 나옵니다. 빚이 내 돈과 100%로 같다는 의미입니다.

여기서 치킨집 장사가 잘 안되더라도 우선 갖고 있는 내 돈이 빚과 비슷하니 크게 걱정은 안됩니다. 그런데 빚이 더 많아 부채비율이 높은 경우에는 어떨까요? 사업이 안 풀리는 상황이면 부채비율의 의미가 다르게 다가옵니다. 부채비율이 높다고 말하는 200% 상황을 보겠습니다.

예를 들어 자산이 120억 원인데 부채가 80억 원이고 자본이 40억 원입니다. 경영 환경이 악화되고, 매출이 잘 나오지 않습니다. 그런 상황에 채권자들도 부채비율을 알고는 빚 상환을 요구합니다. "너 망할 것 같은데 돈 빨리 돌려줘." 그러면 더욱더 사업을 지속하기가 힘들어집니다.

내 돈보다 남의 돈이 2배가 되는 부채비율 200%는 재무건전성의 위험신호입니다. 부채비율 200% 기준이 나온 것은 IMF 시절 경험 때문입니다. 당시 우리나라 기업들의 부채비율을 조사해 보니 200% 이상 되는 회사들이 다 부도가 나거나 M&A되었다고 합니다. 재무상태표를 볼 때 부채비율을 통해 손쉽게 회사의 건전성을 확인할 수 있습니다.

물론 이를 공식처럼 생각할 필요는 없습니다. 현재 부채비율이 200%이지만 경기도 좋고, 매출도 잘 나오면 단지 부채비율이 높다는 이유로 회사가 위험하다고 평가할 수 없습니다. 오히려 부채를 통한 레버리지 효과(이자만 내고 더 많은 수익을 내는)를 보는 상황으로 파악해 긍정적인 평가를 내릴 수 있습니다.

자산을 구입할 때 내 돈, 남의 돈을 구분해서 사지는 않습니다. 누적된 자산이라 그럴 수도 없습니다. 자산 항목들을 보면 현금, 주식, 채권, 원재료, 회사채 등 다양합니다. 돈에는 꼬리표가 없습니

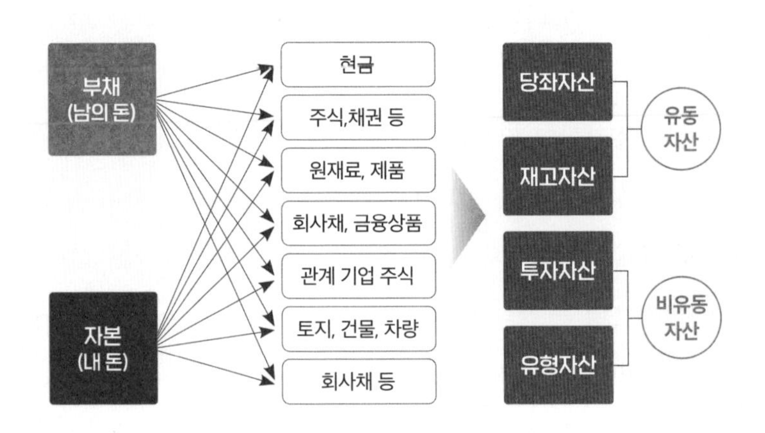

다. 자금을 조달해 오면 자산 속에서 이렇게 저렇게 섞이거나 합쳐져 현재의 자산을 형성합니다.

그런데 부채비율을 보면 자금의 출처를 구분할 수 있습니다. 재무상태표는 조달된 자금이 자산화되는 과정에서 누적 결과물을 보여 주는 보고서이기 때문입니다.

재무상태표 읽기
(feat. 에코프로비엠, 포스코케미칼, 코스모신소재)

에코프로비엠 재무상태표를 살펴보겠습니다. 2차전지 관련 회사인데 자산총계가 약 3.1조 원입니다. 부채는 약 1.8조 원이고, 자본은 약 1.3조 원입니다. 곧바로 회계등식을 쓸 수 있습니다.

3.1조 원(자산) = 1.8조 원(부채) + 1.3조 원(자본)

계산기로 부채비율을 계산해 보지 않더라도 대략 100% 조금 넘는 부채비율이라는 것을 알 수 있습니다. 정확히는 138%입니다. 재무상태표의 가장 큰 금액 3가지만으로도 회사에 대해 해석해 볼 수 있습니다.

"에코프로비엠은 3.1조 원의 자산을 남의 돈 1.8조 원으로 당겨왔고 내 돈 1.3조 원을 가지고 형성하고 있다."

다른 회사들의 재무제표를 많이 보다 보면 비교할 수 있는 '감'이 생깁니다. 재무제표 기수 7기인 그렇게 오래되지 않은 회사 에코프

● DART 에코프로비엠 2022 반기보고서 ●

연결 재무상태표

제 7 기 반기말 2022.06.30 현재

제 6 기말 2021.12.31 현재

(단위 : 원)

	제 7 기 반기말	제 6 기말
자산		
유동자산	2,255,653,477,380	739,143,497,291
현금및현금성자산	160,478,734,914	104,647,514,160
매출채권	685,560,802,186	247,398,852,899
기타금융자산	450,130,365,501	21,891,684,747
파생상품자산	1,107,071,494	16,200,000
기타자산	142,499,311,382	25,766,352,663
당기법인세자산	11,073,400	27,013,500
재고자산	815,866,118,503	339,395,879,322
비유동자산	877,402,342,933	686,714,254,647
당기손익-공정가치 측정 금융자산	1,682,077,150	976,433,477
기타금융자산	968,779,600	961,274,250
유형자산	828,614,862,904	638,848,527,907
사용권자산	2,561,783,897	2,729,793,668
무형자산	13,987,530,142	12,070,439,194
이연법인세자산	29,587,309,240	31,127,786,151
자산총계	3,133,055,820,313	1,425,857,751,938

로비엠이 의외로 덩치도 있고, 부채도 1.8조 원을 얻을 수 있을 만큼 성장하고 있습니다. 또한 자본과 부채를 갖고 '뭘 하려고 그럴까?' 하며 여러 가지 꼬리에 꼬리를 무는 호기심이 생깁니다. 동일한 산업의 경쟁사를 같이 보면 단지 몇 개의 재무제표 숫자이지만 가르쳐 주는 게 많다는 걸 느낄 수 있습니다.

유사한 회사 포스코케미칼은 자산총계가 4.6조 원입니다. 자산이 에코프로비엠보다 큽니다. 포스코케미칼이 더 큰 회사이기는 하나 다른 수치를 확인해 보겠습니다. 부채총계는 2조 원이고, 자본은 2.6조 원입니다. 자본이 더 높습니다. 내 돈을 더 가지고 사업을

● DART 포스코케미칼 2022 반기보고서 ●

- I. 회사의 개요
  - 1. 회사의 개요
  - 2. 회사의 연혁
  - 3. 자본금 변동사항
  - 4. 주식의 총수 등
  - 5. 정관에 관한 사항
- II. 사업의 내용
  - 1. 사업의 개요
  - 2. 주요 제품 및 서비스
  - 3. 원재료 및 생산설비
  - 4. 매출 및 수주상황
  - 5. 위험관리 및 파생거래
  - 6. 주요계약 및 연구개발활동
  - 7. 기타 참고사항
- III. 재무에 관한 사항
  - 1. 요약재무정보
  - 2. 연결재무제표
  - 3. 연결재무제표 주석
  - 4. 재무제표
  - 5. 재무제표 주석
  - 6. 배당에 관한 사항
  - 7. 증권의 발행을 통한 자금조
  - 8. 기타 재무에 관한 사항
- IV. 이사의 경영진단 및 분석의견
- V. 회계감사인의 감사의견 등
  - 1. 외부감사에 관한 사항
  - 2. 내부통제에 관한 사항
- VI. 이사회 등 회사의 기관에 관한
  - 1. 이사회에 관한 사항
  - 2. 감사제도에 관한 사항

연결 재무상태표

제 52 기 반기말 2022.06.30 현재

제 51 기말 2021.12.31 현재

(단위 : 원)

	제 52 기 반기말	제 51 기말
자산		
유동자산	2,441,931,302,730	2,084,228,054,184
현금및현금성자산	176,445,002,428	72,279,983,706
기타유동금융자산	987,273,673,767	1,290,398,223,429
매출채권 및 기타유동채권	428,798,914,029	239,230,129,924
계약자산	11,949,835,717	5,288,348,919
재고자산	771,915,731,232	440,557,698,562
기타유동자산	65,331,746,596	36,453,996,164
당기법인세자산	216,398,961	19,673,480
비유동자산	2,207,237,016,482	1,838,252,249,714
유형자산	1,771,797,626,100	1,458,946,716,415
사용권자산	87,145,148,236	91,278,022,816
무형자산	31,710,533,997	34,035,389,993
종속기업, 관계기업 및 공동기업 투자	263,744,542,582	183,461,921,431
기타비유동금융자산	35,024,030,056	32,733,187,767
투자부동산	188,070,156	188,070,156
순확정급여자산	16,795,605,673	10,785,080,355
기타비유동자산	831,459,682	26,823,860,781
자산총계	4,649,168,319,212	3,922,480,303,898

합니다. 에코프로비엠보다는 조금 더 건전한 것으로 보입니다. 포스코케미칼이 사업을 할 때 조금 더 자신감이 있거나, 더 많이 적극적으로 경영 활동을 펼칠 수 있을 여지가 많을 것으로 해석할 수 있습니다.

중요한 점은 재무제표를 보고 단지 숫자를 읽어 내는 데 그치는 게 아니라 해석하는 과정까지 이루어져야 한다는 것입니다. 부채가 얼마, 자산이 얼마, 자본이 얼마… 이렇게 명확하게 숫자만 있는 게 아니라 어떤 식으로든지 스토리가 만들어지거나 내가 판단하는 데

● DART 코스모신소재 2022 반기보고서 ●

재무상태표

제 56 기 반기말 2022.06.30 현재

제 55 기말 2021.12.31 현재

(단위 : 원)

	제 56 기 반기말	제 55 기말
자산		
유동자산	194,024,981,300	119,251,500,967
현금및현금성자산	6,996,096,705	20,047,174,217
매출채권 및 기타채권	81,970,493,305	39,056,975,075
당기손익-공정가치 측정 금융자산		3,013,617,552
재고자산	102,090,493,629	48,762,805,140
기타유동자산	2,967,897,661	8,370,928,983
비유동자산	234,248,028,205	229,231,156,520
공동기업투자	4,748,819,192	2,442,648,386
유형자산	225,137,482,263	223,381,394,297
무형자산	1,058,022,955	1,159,305,073
사용권자산	1,333,300,838	263,078,472
기타비유동금융자산	1,686,657,015	1,700,984,350
기타비유동자산	283,745,942	283,745,942
자산총계	428,273,009,505	348,482,657,487

근거가 되어야 합니다. 한편 이전에 내렸던 생각을 고치는 효과가 있어야 재무제표를 보고 제대로 활용한다고 말할 수 있습니다.

코스모신소재라는 회사도 2차전지 관련한 기업입니다. 자산총계가 4,282억 원입니다. 부채는 193억 원이고, 자본은 2,378억 원입니다. 앞에서 설명한 두 회사에 비해 규모는 작지만 자본력은 더 있습니다.

재무제표의 장점은 비교이다

지금까지 2차전지 관련 회사의 재무상태표 3개를 보았습니다. 3개만 봤는데도 2차전지 관련 산업이 향후에 긍정적이라는 판단을 내릴 수 있습니다. 관련 회사들의 자산규모와 재무건전성이 좋기 때문입니다. 또한 자금 조달을 통해 더 적극적으로 회사 경영을 하려는 곳이 어디인지, 성장의 폭이 클 곳이 어디인지를 점쳐 본다면 재미있는 해석을 해 볼 수 있습니다.

지금 재무제표를 읽고 있는 회사들의 자산규모는 2~3조 원 이상입니다. 코스모신소재가 경쟁력을 갖추려면 자산규모가 커져야 합니다. 그만큼 성장의 여지가 있습니다. 투자자의 입장이라면 아직 저평가된 후보군에 넣을 수 있습니다.

재무상태표에서 가장 먼저 읽어야 할 것은 바로 회계등식입니다. 자산이 얼마짜리 회사인지 다른 회사와 비교해 볼 수 있는 규모를 확인합니다. 동시에 부채와 자본이라는 숫자를 통해서 회사가 자산을 이루려고 당겨 온 돈의 출처가 어디인지를 인지합니다. 거기에 부채비율까지 확인하면 가장 기본적인 회사 재무 정보를 습득한 셈입니다.

자산총계 활용의 첫 번째는 크기 비교입니다. 삼성전자와 현대자동차의 자산총계를 비교해 보면 2021년 기준 삼성전자는 426조 원이고, 현대자동차는 233조 원입니다. 주식 시장에 상장된 기업은 시가총액이라고 상장된 '주식수×주가'로 기업가치를 냅니다.

2023. 1. 27. 기준 삼성전자 시가총액은 약 385조 원이고, 현대자동차는 37조 원입니다. 현대자동차는 차이가 큽니다. 주식 시장의 평가가 많이 다릅니다.

재무제표라는 장부가치로 나타내는 회사 자산의 총계는 재무제표를 회사가 작성하니 '회사의 주장'이라고 볼 수 있습니다. 자산총계는 만약 회사를 지금 판다고 하면 우리 회사가 가진 모든 재산을 합쳐서 이 정도 된다는 의미입니다.

그렇지만 시장의 평가에는 다른 계산법이 추가됩니다. 시장은 주식가치로 측정합니다. '회사의 가치는 자산가치도 중요하지만 회사의 매출액과 현금창출력, 주식에 대한 수요 등이 포함된 주가'로 계산합니다. 그리고 주식 시장에서 거래하는 사람들의 니즈와 상황에 따라서 평가가 매순간 달라집니다. 여러 가지 차원에서 시장가치와 장부가치는 차이가 나지만 기업 간에 비교할 수 있는 지표로서는 매우 훌륭합니다.

기업의 실체를 한눈에 다 볼 수 없는 경우, 특히 규모를 비교할 때 자산총계만한 숫자가 없습니다. KB금융은 국민은행을 포함하는 회사입니다. 은행은 '돈으로 돈을 버는 회사라서' 은행지점 외에는 특별한 장치나 공장 같은 설비가 필요 없습니다. 그냥 생각하기에는 삼성전자가 더 커 보입니다. 하지만 KB금융의 자산총계는 약 664조 원입니다. 이는 산업의 특징 때문입니다. 회사 자체가 돈을 돌려서 돈을 버는 금융업이기 때문에 자산규모를 크게 키워야 합니다. 자산 중에서 분포가 높은 게 돈이기도 합니다.

자산총계를 비교할 때는 산업의 특징에 따라 고려해 사용하는 것이 좋습니다. 재무제표를 볼 때 좋은 점은 바로 비교입니다. 회계에서는 '비교가능성'이라고 표현하는데, 내가 궁금한 회사가 있을 때 재무제표를 열어 보면 '비교'를 통해 그 회사에 대한 객관적인 판단을 내릴 수 있습니다.

그냥 그 회사의 정보만으로는 판단이 힘들 수 있습니다. 동일 업종에 있는 비슷한 회사의 재무제표를 같이 확인해 보면 명확하게 나쁜지 아닌지 판단할 수 있습니다. 회사 자체의 과거 수치와 지금을 비교하는 것도 한 방법입니다. 재무제표는 비교가 장점입니다.

3장

반드시 알아야 할 회계 용어와 주석

01

재무제표가 쉬워지는 회계 용어

드나드는 돈을 따져서 셈하는 회계

회계 관련 용어가 어려운 이유는 비교가능성 때문입니다. 각 회사의 상황이 다르고 적용이 다르지만 비교하기 위해 억지로 용어를 동일했기 때문입니다. 실제 경제 활동을 묶어서 재무제표에 적기 위해 통일한 단위를 계정과목이라고 합니다. 지폐와 동전은 현금, 은행 빚은 차입금, 승용차·트럭 등은 차량운반구, 전화요금은 통신비 등으로 표현합니다.

일상적인 정의 또는 용어		계정과목(회계식 용어)
지폐와 동전	▶	현금
대출금 또는 은행 빚	▶	차입금
승용차 또는 트럭	▶	차량운반구
전화요금	▶	통신비
종업원의 복지를 위해 지출하는 경비 (식대, 회식비, 경조금)	▶	복리후생비
거래처 접대를 위해 지출하는 경비	▶	접대비
신문구독료, 도서구입비, 인쇄대금	▶	도서인쇄비

복리후생비, 접대비 등 사용 의도에 따라서 나누기도 하지만 원래 목적은 각 회사마다 약간씩 차이가 나는 항목들을 모두 회계처리(장부 작성) 원칙하에 비교할 수 있도록 표현을 정리한 것입니다. 딱딱한 느낌이 들지만 알고 보면 별것 아닙니다.

가장 대표적인 예는 회계에 관한 정의입니다. 회계는 '회계 정보를 이용자가 합리적 판단이나 의사결정을 할 수 있도록 기업 실체에 관련된 유용한 경제적 정보를 식별, 측정, 전달하는 과정'이라고 합니다. 그런데 국어사전에는 '나가고 들어오는 돈을 따져서 셈함'이라고 간단히 정리되어 있습니다.

회계는 회계 정보 이용자가 합리적 판단이나 의사결정을 할 수 있도록 기업 실체에 관한 유용한 경제적 정보를 식별, 측정, 전달하는 과정이다.

– 송상엽, 『K-IFRS 회계원리』

회계

나가고 들어오는 돈을 따져서 셈을 함.
개인이나 기업 따위의 경제 활동 상황을 일정한 계산 방법으로 기록하고 정보화함.

– 국립국어연구원(표준국어대사전)

회계는 모여서 돈을 세는 거라고 앞에서 말했습니다. 재무상태표의 '누적'은 자산이 사업개시일부터 들어오고 나간 것을 기록했다는 의미입니다. 누적 역시 회사에 자산이 드나들었다는 말입니다. '들고 나가는' 의미가 회계에서는 매우 중요합니다.

재무제표에 나온 모든 숫자는 회사의 '거래 = 상품과 현금의 들고 나가는' 것을 내포합니다. 재무제표에 표기된 숫자는 1개이지만 그 안에는 수백, 수천, 수만의 거래를 통해서 결과적으로 남은 숫자입니다. 재무상태표는 1년의 마지막 날 그 시점에 정지시킨 숫자를 보여 주고 있습니다.

대표 회계 용어 – 자산, 부채, 자본, 수익, 비용

회계 용어의 속성만 잘 파악한다면 표현의 딱딱함과 한자어 조어에 겁낼 필요가 없습니다. 대표적인 용어를 꼽자면 자산, 부채, 자본, 수익, 비용이 있습니다. 용어라기보다는 회계의 구획으로 보아야 합니다.

'자산'은 과거의 거래나 사건의 결과로, 현재 기업 실체에 의해 지배되고, 미래에 경제적 효익을 창출할 것으로 기대되는 자원을 말합니다.

'부채'는 과거의 거래나 사건의 결과로, 현재 기업 실체가 부담하고 있고, 미래에 자원의 유출 또는 사용이 예상되는 의무를 말합니다.

'자본'은 재화와 용역을 생산하거나 효용을 높이는 데 드는 가치 있는 밑천을 말합니다.

'수익'은 기업 실체의 경영 활동과 관련된 재화의 판매 또는 용역의 제공 등에 대한 대가로 발생하는 자산의 유입 또는 부채의 감소를 말합니다.

자산 : 앞으로 팔아서 돈이 될 자원 (이용가치, 판매가치)
부채 : 남에게 빌려 온 '빚'
자본 : 기업 스스로 출자한 '내 돈'
수익 : 벌어들이는 모든 것, 거둬들이는 '수입의 총합'(예를 들어, 제조업의 경우 상품이나 제품의 매출액)
비용 : 경영 활동을 위해 사용되는 모든 자원

'비용'은 기업 실체의 경영 활동과 관련된 재화의 판매 또는 용역의 제공 등에 따라 발생하는 자산의 유출이나 사용 또는 부채의 증가라고 말할 수 있습니다.

쉬운 말로 하자면 자산은 '앞으로 팔아서 돈이 될 자원'입니다. 그래서 자산에는 이용가치와 판매가치가 있어야 합니다. 즉 내가 가진 자산이라고 재무제표에 숫자로 표기할 수 있거나, 쓰인 숫자는 그 자산을 써먹을 수 있어야 하고, 누군가에게 팔 수 있어야 합니다. 흔히 사장님이 "여러분은 회사의 자산입니다. 인재가 자산입니다."라고 하는 말은 회계적으로는 성립할 수 없는 표현입니다. 사람은 팔 수도 소유할 수도 없기 때문입니다.

자산 쪽에서 문제가 되는 사항은 바로 이용가치와 판매가치입니다. 회사가 재무상태표에 숫자로 표현한 자산이지만 팔거나 사용할 수 없다면 '분식회계'라고 볼 수 있습니다. 공장설비가 안 쓴 지 3년 됐고 녹슬어서 고철값도 받지 못하는 상태인데도 회사는 재무제표에 3억 원이라고 기록해 둡니다. 자산가치가 없는 자산을 재무제표에 넣은 것입니다. 회사가 자산을 유지하고 싶어서 거짓을 행한 경우입니다. 팔 수도, 이용할 수도 없는 자산은 재무제표에 기록할 수 없습니다.

회사가 부도나기 직전에 자산가치를 실사하는 과정에서 자산가치에 대한 이슈가 많이 발생합니다. 팔리는 회사 입장에서야 자산가치를 높게 받고 싶습니다. 하지만 이용할 수 없고 판매가 어려운 자산은 아무리 비싼 값을 주고 샀더라도 0원에 수렴할 때도 있습니다. 이를 '청산가치' 산정이라고 부릅니다.

회사 재무제표에는 800억 원으로 기록된 공장설비를 외부전문가는 500억 원으로 평가할 수 있습니다. 이처럼 외부전문가의 시각에 따라 자산은 변동성이 존재합니다. 특히 영업자산일 경우에는 매출액을 발생하느냐 못하느냐에 따라 차이가 있습니다.

하지만 재무제표상의 부채는 좀 쉽습니다. 부채는 남에게 빌린 돈이기에 빌려준 이의 가치 확인이 존재하기 때문입니다. 여하튼 부채는 '남의 돈', 자본은 기업 스스로 출자한 '내 돈'이라고 생각하면 됩니다. 수익은 벌어들이는 모든 것의 총합, 비용은 이 수익을 만들기 위해 경영 활동을 위해서 사용되는 모든 자원의 사용가치입니다.

회계 계정은 구획과 같다

회계 용어가 어렵지 않다는 건 5개의 대표 용어가 구획과 같기 때문입니다. 자산 계정 아래 좀 더 세분화된 회계 용어가 있을 뿐입니다. 용어들은 마치 겹겹이 내려가는 레이어처럼 구성되어 있습니다. 상위 개념의 회계 구획(자산, 부채, 자본, 수익, 비용) 밑에 나오는 계정과목은 분포를 나타낼 수 있도록 쪼갠 항목입니다.

자산 항목에 있는 계정은 부채 항목과 헷갈리더라도 기본 개념에 충실하게 유추하면 됩니다. 부채 항목은 이름이 무엇이든 간에 회

사가 갚아야 할 빚입니다. 자산 항목 회계 용어는 예를 들어 '당기법인세자산'이라고 해도, 세금에 관련된 무엇이지만 결국 회사가 그 숫자만큼 팔 수 있다는 뜻입니다.

회계접두어로 이해하기

재무제표를 읽기 위해 모든 회계 용어를 알 필요는 없습니다. 포털 사이트를 이용하면 손쉽게 개념을 찾을 수 있습니다. 다만 쉽게 표현되어 있지는 않습니다. '회계접두어' 몇 개를 알아 두면 정확하지는 않지만 대략적인 의미를 파악하는 데 도움이 됩니다.

재무제표는 크게 보면 몇 개의 표가 나오는 15~20페이지와 표의 숫자를 설명하는 90~200페이지로 구성됩니다. 표가 핵심입니다. 표 안에 회계 용어가 들어가야 하기에 일본식 조어(띄어쓰기 없는 한자어)를 사용합니다.

이때 항상 붙는 몇 개의 조어가 있습니다. 유동은 유동화로 유추할 수 있는 기간의 의미입니다. 유동은 '1년 안에', 비유동은 '1년이 지나서'입니다. 그렇다면 유동자산은 팔 수 있는 모든 것인데 1년

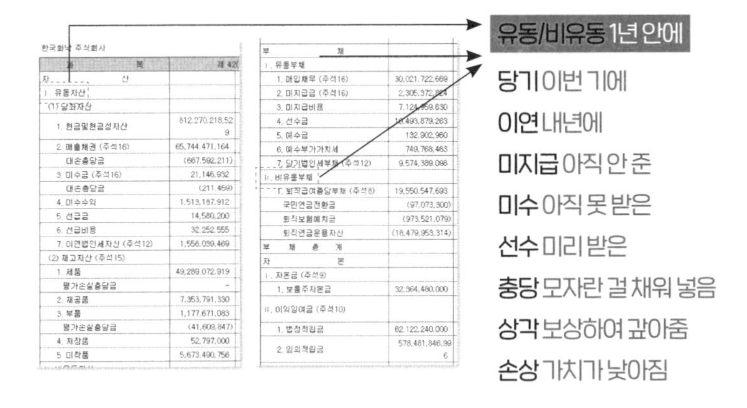

한국화낙 주식회사

과목	제 42(
자산	
I. 유동자산	
(1) 당좌자산	
1. 현금및현금성자산	812,270,218,529
2. 매출채권 (주석16)	65,744,471,164
대손충당금	(667,592,211)
3. 미수금 (주석16)	21,146,932
대손충당금	(211,459)
4. 미수수익	1,513,167,912
5. 선급금	14,580,200
6. 선급비용	32,252,555
7. 이연법인세자산 (주석12)	1,556,099,469
(2) 재고자산 (주석15)	
1. 제품	49,289,072,919
평가손실충당금	-
2. 재공품	7,353,791,330
3. 부품	1,177,671,083
평가손실충당금	(41,609,847)
4. 저장품	52,797,000
5. 미착품	5,673,490,756

부채	
I. 유동부채	
1. 매입채무 (주석16)	30,021,722,669
2. 미지급금 (주석16)	2,305,372,824
3. 미지급비용	7,124,959,630
4. 선수금	10,493,879,263
5. 예수금	132,902,960
6. 예수부가가치세	749,768,463
7. 당기법인세부채 (주석12)	9,574,389,098
II. 비유동부채	
1. 퇴직급여충당부채 (주석8)	19,550,547,693
국민연금전환금	(97,073,300)
퇴직보험예치금	(973,521,079)
퇴직연금운용자산	(18,479,953,314)
부채총계	
자본	
I. 자본금 (주석9)	
1. 보통주자본금	32,364,480,000
II. 이익잉여금 (주석10)	
1. 법정적립금	62,122,240,000
2. 임의적립금	578,481,846,996

안에 팔 수 있다는 뜻이고, 비유동자산은 1년이 지나서야 팔리는 고정자산과 같은 것을 말합니다. 응용하면 유동부채는 1년 안에 갚아야 할 돈이고, 비유동부채는 1년이 넘어서 갚아도 되는 빚을 말합니다.

'당기'는 이번 기에, '이연'은 내년에, '미지급'은 아직 안 준, '미수'는 아직 못 받은, '선수'는 미리 받은, '충당'은 모자란 걸 채워 넣은, 상각은 보상하여 갚아 준, '손상'은 가치가 낮아졌다는 의미입니다. 10개 정도의 회계접두어만 익힌 뒤 재무제표를 다시 한 번 보세요. 절반 이상에 해당하는 회계 용어의 의미를 대략 파악할 수 있을 것입니다.

손상자산, 손상부채 등은 언론에서 자주 볼 수 있는 용어입니다. 손상자산이라고 쓰여 있으면 '그래 이것은 팔 수 있는 자산인데 가치가 낮아졌나(손상) 보다.'라고 대략 이해하면 재무제표 읽기가 수월해집니다. 재무제표는 회사의 가치를 숫자로 나타내는 형식입니다.

회계 용어는 그 상황을 포괄적으로 표현할 수 있는 몇 개 안 되는 단어에 불과합니다. 용어의 개념과 정확한 의미에 집중하기보다는 숫자가 바뀐 상황, 왜 이런 수치의 변화가 일어나서 재무제표에 표기했는지 그 이유를 찾는 게 회사 실체에 더 가까워집니다. 회계 용어가 어렵다고 재무제표 읽기가 힘들다고 하지 말았으면 합니다.

02

숫자 해석의 시작은 주석이다

● DART 호텔롯데 2021 사업보고서 ●

3. 연결재무제표 주석

주석

제49기 : 2021년 1월 1일부터 2021년 12월 31일 까지

제48기 : 2020년 1월 1일부터 2020년 12월 31일 까지

주식회사 호텔롯데와 그 종속기업

1. 일반사항 :

주식회사 호텔롯데(이하 "지배기업")와 종속기업(이하 지배기업과 종속기업을 합하여"연결회사")은 호텔, 면세점, 테마파크, 리조트 및 골프장을 운영하고 있습니다. 당기말 현재 연결회사는 롯데호텔서울, 롯데호텔잠실, 롯데호텔제주, 롯데호텔울산, 롯데뉴욕팰리스, 면세점 소공점, 면세점 제주점, 면세점 인천공항점 등을 운영하고 있습니다. 또한 연결회사는 롯데월드 어드벤쳐, 김해 워터파크, 아쿠아리움, 부여와 제주,속초 및 김해에 소재하고 있는 리조트 및 골프장을 운영하고 있습니다.

당기말 현재 지배기업의 주주구성은 다음과 같습니다.

주 주 명	소유주식수(주)	지분율(%)
일본(주)롯데홀딩스	19,515,000	19.07
일본(주)L 제4투자회사	16,000,000	15.63
일본(주)L 제9투자회사	10,650,000	10.41
기타	56,184,704	54.89
합 계	[illegible]	[illegible]

주석은 숨겨진 재무제표다

재무제표를 양으로 따지면 구성의 80~90%가 주석입니다. 주석은 왜 있는 것일까요? 재무제표에 나온 숫자가 '거래의 총합'이기 때문입니다. 숫자는 거래의 디테일을 나타내지는 못합니다. 재무제표를 작성하는 회사는 이해관계자가 회사를 판단할 때 오해하지 않게끔 표에서 다 설명할 수 없는 '서술적인' 내용을 주석을 활용해 설명합니다. 재무제표를 읽는 입장에서는 매우 친절한 부분입니다.

회사 밖의 이해관계자는 재무제표에 나온 숫자가 몇 번의 거래를 통해 나온 것인지는 알 수 없지만 '마지막 거래' 결과와 이를 설명해주는 주석을 통해서 추측과 판단을 할 수 있습니다. 주석이 없다면 해석 자체가 불가능합니다. 그렇다 보니 재무제표를 보통 재무상태표, 손익계산서, 현금흐름표 3개로 꼽지만 실제로 주석 역시 재무제표에 포함하며, 내용적인 측면에서는 매우 중요한 재무제표라고 할 수 있습니다.

그렇지만 모든 주석을 다 읽어야 한다면 부담이 큽니다. 주석은 원래 골라서 필요한 사항을 확인하라고 만든 재무제표의 형식입니다. 재무제표가 요약된 보고서이고 표이기에 디테일은 주석에 있습니다. 재무제표를 본다면 주석을 찾아서 볼 수 있어야 합니다.

주석을 찾아보기 쉽도록 주석 번호는 보통 재무상태표 과목 다음 칼럼에 표기되어 있습니다.

● DART 포스코케미칼 2021 연결감사보고서 ●

문서목차
- 감 사 보 고 서
- 독립된 감사인의 감사보고서
- (첨부)연 결 재 무 제 표
  - 주석
- 외부감사 실시내용

본점 소재지 : (도로명주소) 경상북도 포항시 남구 신항로 110
(전 화) 054-290-0114

연 결 재 무 상 태 표
제 51 기 2021년 12월 31일 현재
제 50 기 2020년 12월 31일 현재

주식회사 포스코케미칼과 그 종속기업 (단위: 원)

과 목	주 석	제51기	제50기
자 산			
유 동 자 산		2,084,228,054,184	810,610,645,263
현금및현금성자산	4,6,7	72,279,983,706	121,680,352,793
기타유동금융자산	4,6,9,10,37	1,290,398,223,429	204,521,741,916
매출채권	4,6,8,37	239,230,129,924	275,000,414,662
계약자산	4,8,27,37	5,288,348,919	6,330,557,439
재고자산	12	440,557,698,562	186,576,655,314
기타자산	11	36,453,996,164	16,033,894,185
당기법인세자산		19,673,480	467,028,954
비 유 동 자 산		1,838,252,249,714	1,277,442,678,963
유형자산	13	1,458,946,716,415	931,912,753,305
사용권자산	14	91,278,022,816	109,182,763,800
무형자산	15	34,035,389,993	31,403,530,537
관계기업 및 공동기업 투자	17	183,461,921,431	162,741,353,676
기타비유동금융자산	4,6,9,10,37	32,733,187,767	34,620,429,465
투자부동산	16	188,070,156	223,104,466
순확정급여자산	21	10,785,080,355	7,326,139,201
기타자산	11	26,823,860,781	32,604,513
자 산 총 계		3,922,480,303,898	2,088,053,324,226

위 그림에서 세로 빨간 박스가 주석 칼럼입니다. 재고자산 4,405억 원을 구체적으로 알고 싶다면 주석번호 12번을 찾아야 합니다. 주석은 번호 순서대로 나열되어 있으며, 컴퓨터 화면에서 찾을 때는 'Ctrl+F' 단축키로 키워드 검색이 가능합니다. 포스코케미칼 연결감사보고서 68쪽에서 찾은 주석 12. 재고자산의 세부 내역은 다음 표와 같습니다.

● DART 포스코케미칼 2021 연결감사보고서: 주석 12 재고자산 ●

감 사 보 고 서
독립된 감사인의 감사보고서
(첨부)연 결 재 무 제 표
주석
외부감사 실시내용

12. 재고자산

연결실체의 재고자산의 내역은 다음과 같습니다.

(단위: 천원)

구 분	당기말			전기말		
	평가전금액	평가충당금	장부가액	평가전금액	평가충당금	장부가액
제품	197,117,986	(817,713)	196,300,273	73,698,326	(937,033)	72,761,293
상품	26,428,469	(180,172)	26,248,297	12,655,095	(298,386)	12,356,709
반제품	7,905,426	(191,392)	7,714,034	4,102,301	-	4,102,301
재공품	58,604,119	(3,658,304)	54,945,815	43,858,078	(1,808,425)	42,049,653
연료및재료	69,127,196	(76,837)	69,050,359	37,824,816	(709,095)	37,115,721
미착품	86,298,921	-	86,298,921	18,190,977	-	18,190,977
합 계	445,482,117	(4,924,418)	440,557,699	190,329,593	(3,752,939)	186,576,654

재고자산을 순실현가치로 평가하여 인식한 평가손실 1,171,479천원(전기: 평가손실 환입 2,040,468천원)은 매출원가에 가산(차감)되었습니다.

4,405억 원의 재고자산이 제품 1,963억 원 등으로 이루어진 상황과 전년도에 비해 증가한 재고자산의 추이까지 자세히 알 수 있습니다. 이처럼 재무제표의 큰 숫자 중에서 찾아봐야 할 주석이 있다면 위와 같은 방법으로 찾아서 보면 됩니다.

그런데 아주 기본적으로 보아야 할 주석 3가지가 있습니다. 주석 1번 일반사항, 종속기업 관련 주석, 영업부문 관련 주석입니다. 회사를 파악하기 위해서 알아야 할 기본 정보와 마찬가지로 중요하기에 소개합니다.

대주주와 주력 사업 주석 : 일반사항

제일 중요한 대표적인 주석, 반드시 봐야 할 주석은 1번 주석입니다. 회사의 상황을 나타내는 '일반사항'이라는 주석입니다. 회사의 정관상 핵심 사업을 기술하고 있으며, 주주 구성 내역을 소개합니다. 최근 회사일 경우에는 주주구성을 대략적으로 표현합니다만 과거 주석에는 특수관계자 등 지분 내역이 정확히 나오는 경우가 많습니다.

● DART 조원관광진흥 2012 감사보고서 ●

재무제표에 대한 주석

2012년 12월 31일로 종료하는 사업연도

2011년 12월 31일로 종료하는 사업연도

조원관관진흥 주식회사

1. 일반사항

조원관광진흥 주식회사(이하 "당사"라 함)는 1973년 5월 8일에 설립되어 경기도 용인시 소재의 한국민속촌 및 인천광역시 소재 송도파크호텔을 운영하고 있습니다. 한편, 당기말 현재 당사의 자본금은 51,947백만원이며 주요 주주의 구성내역은 다음과 같습니다.

성 명	소유주식수	지분비율
정 영 삼	779,205	7.5%
홍 지 자	259,735	2.5%
정 원 석	2,441,509	23.5%
정 우 석	1,973,986	19.0%
정 혜 신	623,364	6.0%
서우수력(주)	4,311,601	41.5%
합 계	10,389,400	100.0%

한국민속촌을 국영기업이나 국가가 운영한다고 오해한 적이 있습니다. 다양한 캐릭터로 민속촌의 분위기를 띄우는 것에 관심이 생겨서 재무제표를 살펴보았습니다. 1번 주석을 통해 한국민속촌의 운영기업이 조원관광진흥(주)이며, 특수관계자 지분으로 구성된 대주주 내역을 확인할 수 있었습니다.

또 다른 회사인 포스코케미칼의 주석 1번을 확인해 보면 '일반사항' 안에 포스코케미칼의 종속기업과 언제 설립되었고, 언제 주주총회를 하며, 사명은 언제 변경했는지 등 간략하게나마 회사의 중요한 기본사항이 적혀 있습니다. 아래에 원문을 가져다 왔으니 한 번 찬찬히 읽어 보길 바랍니다.

1. 일반사항

주식회사 포스코케미칼(이하 '지배기업')과 그 종속기업(이하 '지배기업과 종속기업을 연결실체')은 내화물의 제조, 판매, 시공 및 보수, 각종 공업로의 설계, 제작 및 판매, 석회제품 등의 제조 및 판매 등을 목적으로 1971년 설립되었으며, 1994년에 심화화싱(주)를 흡수합병하였으며, 2010년 음극재 사업 인수, 2019년 양극재의 생산과 판매 등의 사업을 주목적으로 설립된 (주)포스코ESM을 흡수합병하였습니다. 연결실체는 2001년 중 주식을 코스닥시장에 상장하였고, 전기 중 유가증권시장으로 전환하였습니다. 연결실체는 2010년 중 상호를 주식회사 포스텍에서 주식회사 포스코켐텍으로 변경하였으며, 2019년 3월 18일 정기주주총회결의를 통해 상호를 주식회사 포스코켐텍에서 주식회사 포스코케미칼로 변경하였습니다.

사업 방향을 확인하는 주석 : 종속회사

두 번째로 보면 좋은 주석은 바로 종속기업 관련 주석입니다. 최근 기업들은 1개의 회사로만 구성되기보다는 여러 개의 종속회사를 거느린 경우가 많고, 종속기업의 재무 상황까지 연결시킨 연결재무제표를 중심 재무제표(주 재무제표)로 삼고 있습니다. 종속기업이 모회사보다 큰 경우가 있고, 여러 종속회사의 구성이 회사의 성격을 설명해 줄 때도 있기 때문에 관련 주석을 살펴봐야 하는 것입니다.

회사를 파악할 때 자칫 종속회사를 간과하면 정확한 사업 방향을 점칠 수 없습니다. 중요한 사항인 만큼 종속기업 관련 주석은 종속회사의 지분과 업종뿐만 아니라 종속기업의 매출 정보를 따로 정리해 나타냅니다. 비상장사의 경우 1년에 1번만 재무제표를 발행합니다만 모기업이 상장사일 경우 모기업의 종속회사 주석에 비상장

● DART 일진머티리얼즈 2022 반기보고서 ●

문서목차
- 반 기 보 고 서
- 【 대표이사 등의 확인 】
- I. 회사의 개요
  - 1. 회사의 개요
  - 2. 회사의 연혁
  - 3. 자본금 변동사항
  - 4. 주식의 총수 등
  - 5. 정관에 관한 사항
- II. 사업의 내용
  - 1. 사업의 개요
  - 2. 주요 제품 및 서비스
  - 3. 원재료 및 생산설비
  - 4. 매출 및 수주상황
  - 5. 위험관리 및 파생거래
  - 6. 주요계약 및 연구개발활동
  - 7. 기타 참고사항
- III. 재무에 관한 사항
  - 1. 요약재무정보
  - 2. 연결재무제표
  - 3. 연결재무제표 주석

1.3 종속기업 관련 재무정보 요약

연결대상 종속기업의 보고기간말 요약재무상태와 각 보고기간의 요약손익의 내역은 다음과 같습니다(단위:천원).

구 분	당반기말			당반기			
				3개월		누적	
	자산	부채	자본	매출	순손익	매출	순손익
일진건설㈜(*1)	75,929,930	57,671,146	18,258,784	18,847,432	(8,587)	33,631,018	101,532
㈜일진유니스코	126,574,213	56,230,568	70,343,645	30,670,363	5,296,165	65,123,433	8,500,745
아이알엠㈜	6,758	3,546,898	(3,540,140)	-	(5,073)	-	(10,802)
㈜오리진앤코	86,923	-	86,923	-	12	-	(466)
일진오리진앤코㈜	13,751,198	858	13,750,340	-	(2,414)	-	(10,041)
아이엠지테크놀로지㈜(*2)	1,748,048,027	294,688,038	1,453,359,989	80,417,858	5,313,230	158,494,026	21,751,980

(*1) 종속기업인 Samyoung Global Construction SDN.BHD. 및 삼영디앤디㈜를 포함한 연결기준입니다.
(*2) 종속기업인 IMM TECHNOLOGY SDN.BHD., IMH TECHNOLOGY Zrt., IME TECHNOLOGY S.a r.l. 및 IMS Technology S.a r.l.을 포함한 연결기준입니다.

사의 분기별 매출 현황을 확인할 수 있습니다. 그만큼 종속기업의 정보는 이해관계자에게 중요합니다.

사업을 나눠 정리한 주석 : 영업부문

세 번째로 주의 깊게 봐야 할 주석은 영업부문 관련 주석입니다. 영업부문 관련 주석은 보통 주석 10번 이상 뒤쪽에 나오는데 회사가 가지고 있는 사업을 회사 스스로 구획 정리합니다. 사업부문별 또는 지역으로 나눌 때가 많습니다.

사업부 기준으로 예를 들면 어떤 회사가 식품사업과 건설부문을 동시에 진행합니다. 회사가 사업을 여러 개 하다 보면 주력 사업이 대부분의 매출을 발생하기도 합니다. 접어야 할 사업이 있지만 아직 정리하지 못한 경우입니다. 이를 매출액 하나의 숫자로만 합쳐서 본다면 회사에 대해 부정확한 결론을 내릴 수 있습니다.

숫사를 나눠서 세분화한 정보는 이해관계자에게 풍부한 해석이 가능한 자료를 주는 셈입니다. 다시 한 번 강조하는데, 재무제표는 보고서로서 누군가에게 우리 회사가 '이래요, 저래요.'라고 말하는 정보지입니다.

재무제표를 볼 때는 사업을 나눠서 봐야 합니다. 영업부문은 회사가 생각하는 중요한 기준(지역, 사업부문, 제품별, 생산라인 등)에 따라 매출액을 구분합니다.

● DART SK하이닉스 2022 반기보고서 ●

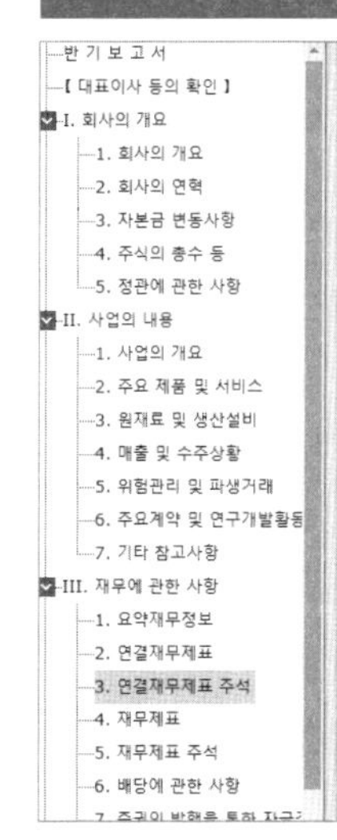

4. 영업부문

연결회사는 반도체 제품의 제조 및 판매의 단일영업부문으로 구성되어 있습니다. 연결회사의 최고영업의사결정권자는 영업전략을 수립하는 과정에서 검토되는 보고정보에 반도체사업부문의 성과를 검토하고 있습니다.

(1) 당반기말과 전기말 현재 지역별 비유동자산(금융상품, 기타수취채권, 관계기업 및 공동기업투자, 이연법인세자산 제외)의 내역은 다음과 같습니다.

(단위: 백만원)

구 분	당반기말	전기말
국 내	44,416,548	40,474,770
중 국	20,400,291	19,484,394
아시아(중국 제외)	17,979	17,065
미 국	477,004	426,723
유 럽	13,734	16,230
합 계	65,325,556	60,419,182

(2) 당반기 중 단일 외부고객으로부터의 매출액이 연결회사 전체 매출액의 10%를 상회하는 고객 (가)로부터 발생한 매출액은 2,863,976백만원이며, 전반기 중 단일 외부고객으로부터의 매출액이 연결회사 전체 매출액의 10%를 상회하는 고객은 없습니다.

재무제표는 중요하기 때문에 기록해서 공개하는 것입니다. 이해관계자가 몰라도 별문제 없는 사항은 언급하지 않습니다.

재무제표는 '투자자를 위한다.'고 말하지만 본질적으로는 '회사가 늘 이 정도 정보는 오픈해도 괜찮아요.'라고 평가될 수준의 내용만 담고 있습니다. 재무제표가 만들어진 최초의 이유는 회사의 부정을 숨기지 않아야 은행에서 대출해 준다는 조건이었고, 대출 용도이기에 회사의 영업 정보나 기밀을 포함하지 않습니다.

그래도 이해관계자, 특히 투자자에게 숨겨서 문제가 될 사항은 반드시 공개하는 규정과 원칙을 갖고 있습니다. 만약 재무제표를 통해 공개하지 않았다가는 투자자에게 소송을 당할 수 있으므로 공개하는 정보는 반드시 정확성을 기하고 기록됩니다.

SK하이닉스는 영업부문 구별을 국내, 중국, 아시아, 미국, 유럽으로 나누었습니다. 매출액을 지역별로 표기한다는 건 어떤 의미일까요? 반도체 산업에 대한 이해가 필요하지만, 우선은 SK하이닉스와 삼성반도체를 분석할 때는 지역별 매출액 추세를 따로 뽑아 봐야겠다는 생각을 해야 합니다.

정리하면 '주석'은 필요할 때 골라 보아야 합니다. 계정과목이 있고 그 옆 칼럼에 주석이 나옵니다. 1개만 있지 않고 4, 5, 11, 31 등처럼 여러 개가 나열되는 경우가 있습니다. 관련된 주석이 많다는 건데 실제로 찾아보면 가운데 번호가 가장 설명이 잘돼 있습니다.

핵심 주석인 '일반사항', '종속기업', '영업부문' 3가지를 기억하면 좋습니다. 일반사항 중 지배구조와 관련된 지분율은 이런 해석을 염두에 두어야 합니다. 대주주의 지분율은 회사를 지배하는 역동성과 관계가 깊습니다. 대부분은 경영권의 지분이 51% 이상이지만 10% 미만의 지분으로도 대주주의 지위에 오르는 회사도 있습니다. 90%의 소액주주가 있기에 가능한 것입니다.

오너십이 깊은 기업은 회사 경영 스타일이 일반적이지 않을 수 있습니다. 지분 구성 중에 사모펀드가 많거나, 특수관계자가 꽤 많이 포진된 경우도 주의 깊게 살펴야 합니다.

한국전력공사는 주주구성을 보면 대한민국 정부가 18.2% 지분을 갖고 있고, 한국산업은행이 32.9%로 대주주입니다. 그렇지만 한국산업은행은 정부출자은행이니 결국 한국전력공사는 대한민국 정부의 지휘를 받습니다. 그래서 민간기업처럼 이익을 위해서 '전기세'라 불리는 전기사용료를 마음대로 올리지 못하는 것입니다. 공공재를 따지기 전에 정부가 국민을 대상으로 그런 선택을 할 수 없기 때문입니다.

종속기업은 향후 회사의 가능성과 연관이 깊습니다. 영업부문은 현재 회사가 중요하다고 느끼는 사업 현장에 대한 구분입니다. 일반사항, 종속기업, 영업부문 3가지 정보는 반드시 읽어야 할 재무제표 기본 주석입니다.

4장

재무제표는 '자산'으로 정리된다

01

현금화하기 쉬운 현금및현금성자산

● DART 포스코케미칼 2021 연결감사보고서 ●

	제 51 기	제 50 기	제 49 기
자산			
유동자산	2,084,228,054,184	810,610,645,263	649,644,634,524
현금및현금성자산	72,279,983,706	121,680,352,793	36,746,681,001
기타유동금융자산	1,290,398,223,429	204,521,741,916	187,040,420,105
매출채권 및 기타유동채권	239,230,129,924	275,000,414,662	208,901,918,226
계약자산	5,288,348,919	6,330,557,439	11,333,191,334
재고자산	440,557,698,562	186,576,655,314	188,389,556,557
기타유동자산	36,453,996,164	16,033,894,185	17,232,867,301
당기법인세자산	19,673,480	467,028,954	
비유동자산	1,838,252,249,714	1,277,442,678,963	1,080,487,930,571
유형자산	1,458,946,716,415	931,912,753,305	755,269,240,875
사용권자산	91,278,022,816	109,182,763,800	65,664,503,119
무형자산	34,035,389,993	31,403,530,537	14,996,552,917
종속기업, 관계기업 및 공동기업 투자	183,461,921,431	162,741,353,676	191,678,212,400
기타비유동금융자산	32,733,187,767	34,620,429,465	48,655,174,622
투자부동산	188,070,156	223,104,466	223,104,466
순확정급여자산	10,785,080,355	7,326,139,201	3,961,675,207

유동화하기 가장 쉬운 현금자산(feat. 크래프톤)

이제 구체적으로 자산 항목의 세부 내역을 알아보겠습니다. 재무상태표는 자산, 부채, 자본을 나타냅니다. 회사가 팔 수 있는 모든 것을 보여 주고, 갚아야 할 빚과 회사가 가진 돈을 알 수 있습니다.

그런데 항목들의 배치 순서는 무슨 기준일까요? 눈치가 빠른 사람은 이미 알아챘을 텐데 유동성 기준입니다. 제일 위가 팔기 편한 것, 제일 밑이 늦게 팔리는 자산입니다. 보통 재무상태표 자산 항목 가장 위에 있는 유동자산의 첫 번째는 '현금및현금성자산'입니다. 그다음에 아래로 금융자산, 매출채권, 계약자산, 재고자산, 기타자산, 단기법인세자산 순서로 되어 있습니다.

'현금및현금성자산'은 글자를 붙여 놓아서 꽤나 복잡한 자산이 아닐까 싶은데 전혀 아닙니다. (주)크래프톤이라는 게임 회사 주석을 살펴보겠습니다. 주석 2.5번 현금및현금성자산 설명에는 "보유 중인 현금, 은행예금, 기타 취득 만기일이 단기에 도래해 확정된 금액의 현금으로 전환이 용이하고 가치 변동의 위험이 경미한 단기 투자 자산을 포함하고 있다."라고 되어 있습니다.

재무제표는 기업의 실체를 담고 있는 정보의 보물창고이자 재무제표 공부를 위한 훌륭한 교재입니다. 주석은 각 회사가 설명하고자 하는 재무제표 숫자를 풀이하고 있으며, 동시에 오해가 없도록 주석의 개념도 규정해 둡니다.

그렇기 때문에 저는 회계 용어나 재무제표 관련 정의를 재무제표를 직접 많이 보면서 익히라고 권합니다. 재무제표 자체가 그 회사에 적용되는 회계 원칙을 밝히고 적게 되어 있기 때문입니다. '재무제표 읽기'는 회계 공부가 목적이 아니라 회사의 재무제표를 통해 그 회사의 실체를 정확히 이해하는 데 있습니다.

현금은 어떻게 보면 1만 원, 5만 원 등의 실물 현금이 아니라 은행에 넣어 둔 예금이거나 단기 금융상품일 경우가 많습니다. 기업 단위의 조직은 몇 백만 원 이상의 현금을 은행이체나 세금계산서, 법인카드 등의 거래가 아닌 방법으로는 사용하지 않습니다. 재무제표에서 뜻하는 현금및현금성자산이란 현금화가 손쉬운 '기간' 조건이 더 중요합니다. 즉 현금및현금성자산은 장기간 '짱 박아' 놓거나 주식처럼 가치의 변동이 많지 않은 자금을 의미합니다. 그냥 바로 빼서 쓸 수 있는 돈을 현금및현금성자산이라고 표현합니다.

(주)크래프톤의 바로 인출할 수 있는 수준의 현금이 얼마인지 볼까요? 그럴 때는 크래프톤 재무제표의 현금및현금자산 항목 숫자를 읽으면 됩니다. 2020년 6월 기준 약 1.2조 원이 있습니다. 현금을 1.2조 원이나 갖고 있는 회사는 그리 많지 않습니다. 더 놀라운 사실은 2021년 직전 연도에는 3조 원을 갖고 있었습니다.

재무제표의 좋은 점은 비교인데, 경쟁사 비교뿐만 아니라 추세 확인이 바로 가능하다는 점입니다. 직전 연도와 차이, 그 변화를 읽는 게 재무제표를 보는 재미입니다. 더불어 이런 변화는 회사를 해석하는 데 꼬리에 꼬리를 무는 아이디어를 발생시킵니다.

"크래프톤은 현금 1.2조 원을 갖고 있는 '짱 멋진' 회사야. 옆 칼럼

● DART 크래프톤 2022 반기보고서 ●

- I. 회사의 개요
  - 1. 회사의 개요
  - 2. 회사의 연혁
  - 3. 자본금 변동사항
  - 4. 주식의 총수 등
  - 5. 정관에 관한 사항
- II. 사업의 내용
  - 1. 사업의 개요
  - 2. 주요 제품 및 서비스
  - 3. 원재료 및 생산설비
  - 4. 매출 및 수주상황
  - 5. 위험관리 및 파생거래
  - 6. 주요계약 및 연구개발활동
  - 7. 기타 참고사항
- III. 재무에 관한 사항
  - 1. 요약재무정보
  - 2. 연결재무제표
  - 3. 연결재무제표 주석
  - 4. 재무제표
  - 5. 재무제표 주석
  - 6. 배당에 관한 사항
  - 7. 증권의 발행을 통한 자금
  - 8. 기타 재무에 관한 사항
- IV. 이사의 경영진단 및 분석의견
- V. 회계감사인의 감사의견 등
  - 1. 외부감사에 관한 사항
  - 2. 내부통제에 관한 사항
- VI. 이사회 등 회사의 기관에 관한
  - 1. 이사회에 관한 사항
  - 2. 감사제도에 관한 사항
  - 3. 주주총회 등에 관한 사항
- VII. 주주에 관한 사항

연결 재무상태표

제 16 기 반기말 2022.06.30 현재

제 15 기말 2021.12.31 현재

(단위 : 원)

	제 16 기 반기말	제 15 기말
자산		
유동자산	3,810,977,379,498	3,653,732,581,737
현금및현금성자산	1,193,567,472,171	3,019,311,209,614
유동성당기손익-공정가치측정금융자산	1,885,668,828,767	0
매출채권	641,449,797,043	530,729,986,601
기타유동금융자산	36,294,911,929	57,523,863,408
기타유동자산	43,384,247,567	45,730,971,026
당기법인세자산	10,612,122,021	436,551,088
비유동자산	2,117,740,773,973	1,981,368,142,586
관계기업투자	439,846,018,874	394,620,012,556
당기손익-공정가치측정금융자산	99,488,166,271	84,851,005,236
기타포괄손익-공정가치측정금융자산	88,370,889,645	109,880,529,515
유형자산	228,770,571,248	243,749,482,430
무형자산	931,344,085,998	828,650,752,955
투자부동산	202,473,777,249	183,259,224,984
기타비유동금융자산	48,874,772,714	35,782,143,146
기타비유동자산	12,195,239,107	4,658,866,340
이연법인세자산	65,612,117,620	95,071,947,962
파생상품자산	765,135,247	844,177,462
자산총계	5,928,718,153,471	5,635,100,724,323

을 보니 그 전에는 3조 원이었네. 그럼 1.8조 원은 어디로 갔지?"

이렇게 재무제표 변화의 이유를 찾으면 유동성공정가치금융자산이 1.8조 원 생겨난 게 바로 보입니다.

이처럼 크래프톤의 재무제표에는 경영 활동이 기록되어 있습니다. 여기에 그치지 않고 그다음에는 호기심이라는 긍정적인 자극이 필요합니다. '크래프톤이 왜 그랬을까?' 답을 찾아낸다면 자연스럽게 재무제표 이용이 재미있어지기 시작합니다. 아는 회사 그리고 뭔가 궁금증, 호기심을 자극하는 재무제표를 만나야 합니다.

'현금및현금성자산'은 그냥 현금입니다. 은행예금을 생각하면 됩니다. 양도성 예금증서 등이 포함됩니다. 소주회사인 (주)무학의 주석으로 일부 설명이 될 것입니다. 회사는 돈 벌어서 주주배당을 주거나 뭔가 새로운 사업을 하면 좋을 텐데 이렇게 현금으로 계속 묻어 두고 있다니 손해가 아닌가 싶습니다. 그런데 그 이유를 탐색하면 회사를 이해하기 쉬워집니다.

무학은 소주를 만드는 회사입니다. 무학에 대한 이야기를 하기 전에 현금으로 바꾸기 쉬운 두 번째 자산인 금융자산을 먼저 짚어 보겠습니다.

현금 다음으로 유동성이 높은 금융자산(feat. 무학)

금융자산은 현금 다음으로 유동성이 높은 자산입니다. 어렵게 생각하지 않아도 됩니다. 자산은 팔 수 있는 뭔가라고 했으니, 금융과 관련된 팔 수 있는 자산입니다. 징의상으로는 예금, 유가증권, 대출금, 보험 등의 자산을 가리키는데 현금성자산과 비교했을 때 해당 자산을 '바로 현금으로 꺼내 쓸 수 없다.'는 특징이 있습니다. 예를 들면 주식이나 채권, 수익증권, 출자지분, 어음수표, 채무증서 등을 금융자산이라고 합니다.

금융상품과 금융자산은 다른 종류입니다. 금융상품은 금융권에서 취급하는 정기적금 등을 말합니다. 금융자산은 회사가 현금으로

● DART 무학 2022 반기보고서: 주석 6 금융자산 ●

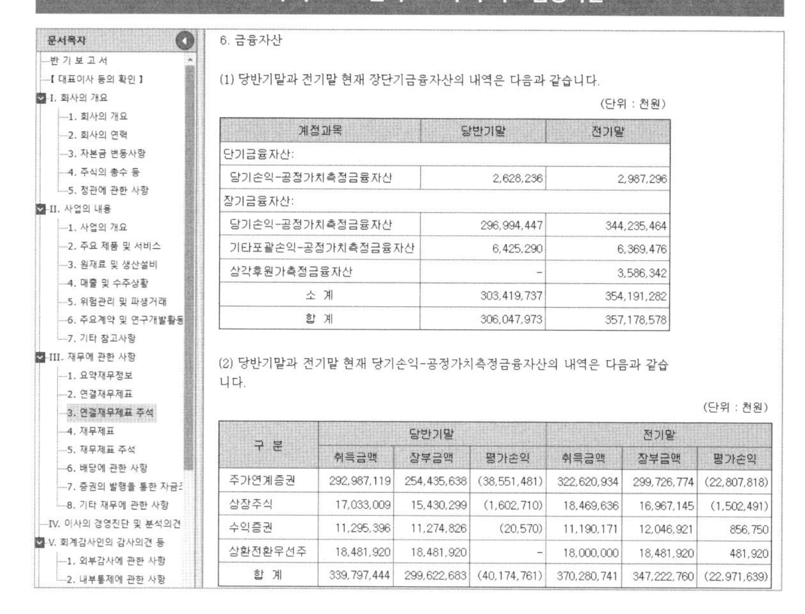

6. 금융자산

(1) 당반기말과 전기말 현재 장단기금융자산의 내역은 다음과 같습니다.

(단위 : 천원)

계정과목	당반기말	전기말
단기금융자산:		
당기손익-공정가치측정금융자산	2,628,236	2,987,296
장기금융자산:		
당기손익-공정가치측정금융자산	296,994,447	344,235,464
기타포괄손익-공정가치측정금융자산	6,425,290	6,369,476
상각후원가측정금융자산	-	3,586,342
소 계	303,419,737	354,191,282
합 계	306,047,973	357,178,578

(2) 당반기말과 전기말 현재 당기손익-공정가치측정금융자산의 내역은 다음과 같습니다.

(단위 : 천원)

구 분	당반기말			전기말		
	취득금액	장부금액	평가손익	취득금액	장부금액	평가손익
주가연계증권	292,987,119	254,435,638	(38,551,481)	322,620,934	299,726,774	(22,807,818)
상장주식	17,033,009	15,430,299	(1,602,710)	18,469,636	16,967,145	(1,502,491)
수익증권	11,295,396	11,274,826	(20,570)	11,190,171	12,046,921	856,750
상환전환우선주	18,481,920	18,481,920	-	18,000,000	18,481,920	481,920
합 계	339,797,444	299,622,683	(40,174,761)	370,280,741	347,222,760	(22,971,639)

보유할 때 예금이자 정도만 받을 수 있으니 이보다는 기간이 길지만 '금융이익'을 낼 수 있는 다른 회사 채권, 주가연계증권, 수익증권 등을 말합니다.

금융자산 앞에는 '당기손익공정가치'라는 회계접두어가 잘 붙습니다. 풀어 보면 '이번 기에는 손해가 나는지, 이익이 났는지 확인해서 시장가격으로' 숫자를 표기해야 하는 금융자산이란 의미입니다.

공정가치라는 개념은 시장가격에 가깝게 표기한다는 회계원칙을 의미합니다. 예를 들어 가치가 왔다 갔다 하는 채권을 샀는데 채권 금리가 변동성이 많으면 소유한 회사의 이익과 손해를 재무제표에 표시해야 이해관계자가 더 정확히 회사 사정을 알 수 있다고 보는 '주의'로 역사적 원가주의의 반대 개념입니다. 당장 팔 수 있는 자산이면 시장가격의 변화에 맞춰서 재무제표를 보고할 때 숫자를 바꾸라는 원칙입니다.

재무제표를 읽는 사람에게 작년에 300억 원 주고 산 금융자산인데 실제로 지금은 자본시장 상황이 좋지 않아 250억 원밖에 가치가 안 될 때 재무제표에서 50억 원을 숨기는 일이 없도록 가치 변화를 반영하는 회계처리입니다. 금융자산에 가장 빈번히 적용되는 개념입니다.

무학이라는 소주 회사는 전체 자산총계가 6,161억 원입니다. 자산총계는 기본 숫자입니다. 가장 먼저 보아야 내가 궁금해하는 항목의 분포를 알 수 있습니다. 지금은 금융자산이 궁금증입니다. 6천억 원짜리 회사가 공정가치-금융자산이 3천억 원이나 됩니다. 자산의 절반 이상이 금융자산입니다.

'무학은 소주 만드는 회사가 아닌가요?'라는 궁금증을 해결하기 위해서 '주석'을 찾아보겠습니다. 무학은 금융자산으로 주가연계증권, 상장주식, 수익증권, 상환전환우선주를 샀습니다. 당기 말에는 3,300억 원인데 전기에는 3,400억 원이었습니다. 주가 변동에 따라 가치가 반영된 셈입니다.

예금과 달리 금융자산은 이익도 나지만 손해를 볼 수도 있습니다. 덧붙이는 이야기인데 금융자산을 진짜로 매각하지 않아도 가치변동을 나타내는 계정과목으로 '평가손익'이라는 표현을 씁니다. ×× 평가손실 ○○억 원이라고 해도 너무 놀라지 마십시오. 금융자산의 가치가 떨어진 것뿐이지 실제로 현금이 지급되어 손해가 실현된 것은 아니니까요.

재무제표를 보니 무학은 꽤 오래전부터 금융자산을 많이 갖고 있습니다. 즉 단기적인 원인은 아니라는 것입니다. 수익이 많이 나서 현금은 많지만 소주공장을 더 짓는 등의 재투자는 어렵다고 해석됩니다. 신규 사업 진출도 하지 않았던 것으로 보이고요. 이유는 소주 시장의 성격 때문입니다.

소주는 지역으로 분할되어 있습니다. 진로는 전국구이지만 무학은 지방, 즉 부산, 경상도에서 강자입니다. 지역에 납품할 수 있는 양이 한정적인데 공장의 생산 능력을 늘릴 수 없습니다. 무학은 돈을 많이 벌었지만 그 돈으로 공장을 짓거나 새로운 사업을 하지 않았던 것입니다. 이로 볼 때 회사 분위기는 보수적일 수 있습니다. 여하튼 벌어서 남은 돈을 금융자산에 투자할 수밖에 없었습니다.

대부분의 회사는 여유 자금을 금융자산에 넣어 소정의 이익을 추구합니다. 그래도 본연의 사업보다 더 크게 하는 곳은 많지 않습니다. 그래서 금융자산이 많다는 것은 좀 의심해 봐야 합니다. 첫 번째는 '딴 생각을 하는 것인가? 왜 주식 투자에 더 관심이지?' 같은 시각을 가질 수 있습니다. 금융자산 투자가 늘 오르기만 하는 것은 아니기 때문입니다.

KCC는 페인트를 만드는 회사입니다. 그런데 KCC 재무제표를 보면 기타유동금융자산이 약 2.6조 원 있습니다. 워낙 금액이 크다 보니 주식 시장이 좋지 않았던 2022년에는 평가손실이 엄청 났습

● DART KCC 2022 반기보고서 ●

- 반 기 보 고 서
- 【 대표이사 등의 확인 】
- I. 회사의 개요
  - 1. 회사의 개요
  - 2. 회사의 연혁
  - 3. 자본금 변동사항
  - 4. 주식의 총수 등
  - 5. 정관에 관한 사항
- II. 사업의 내용
  - 1. 사업의 개요
  - 2. 주요 제품 및 서비스
  - 3. 원재료 및 생산설비
  - 4. 매출 및 수주상황
  - 5. 위험관리 및 파생거래
  - 6. 주요계약 및 연구개발활동
  - 7. 기타 참고사항
- III. 재무에 관한 사항
  - 1. 요약재무정보
  - 2. 연결재무제표
  - 3. 연결재무제표 주석
  - 4. 재무제표
  - 5. 재무제표 주석
  - 6. 배당에 관한 사항
  - 7. 증권의 발행을 통한 자금조
  - 8. 기타 재무에 관한 사항
- IV. 이사의 경영진단 및 분석의견
- V. 회계감사인의 감사의견 등
  - 1. 외부감사에 관한 사항
  - 2. 내부통제에 관한 사항
- VI. 이사회 등 회사의 기관에 관한
  - 1. 이사회에 관한 사항
  - 2. 감사제도에 관한 사항
  - 3. 주주총회 등에 관한 사항
- VII. 주주에 관한 사항

28. 순금융손익

당반기와 전반기 중 순금융손익의 내역은 다음과 같습니다.

(단위:천원)

구 분	당반기		전반기	
	3개월	누적	3개월	누적
금융수익 :				
이자수익	1,287,062	2,530,646	4,078,789	5,927,285
배당금수익	143,992	76,275,385	41	44,203,694
당기손익-공정가치측정금융자산평가이익	150,580,285	71,973,266	217,971,821	152,278,405
당기손익-공정가치측정금융자산처분이익	5,010,403	10,899,250	209,039	209,039
파생상품평가이익	11,599,197	26,433,162	18,844,508	36,726,005
파생상품거래이익	1,454,617	1,960,530	93,823	326,081
외환차익	37,520,702	56,165,826	20,155,864	56,896,895
외화환산이익	25,151,020	76,760,513	4,839,084	48,987,645
금융수익 소계	232,747,278	322,998,578	266,192,969	345,555,049
금융원가 :				
이자비용	(45,070,254)	(80,985,240)	(30,293,442)	(66,040,191)
당기손익-공정가치측정금융자산평가손실	(18,494,527)	(62,718,772)	(786,706)	(25,656,850)
당기손익-공정가치측정금융자산처분손실	(5)	(15,663,245)	-	(4,021)
파생상품평가손실	(568,734)	(892,520)	-	-
파생상품거래손실	(636,134)	(2,728,269)	(209,852)	(1,005,857)
외환차손	(23,109,867)	(37,792,274)	(16,500,148)	(50,369,221)
외화환산손실	(21,345,239)	(74,522,414)	(9,832,144)	(35,228,363)
기타의대손상각비	-	-	-	-
금융보증비용	(2,774,905)	(4,373,367)	(1,423,949)	(2,862,443)
금융원가 소계	(111,999,665)	(279,676,101)	(59,046,241)	(181,166,946)

니다. -184억 원이라고 나와 있습니다.

KCC는 삼성 관련 주식을 많이 소유한 것으로도 유명합니다. 회사가 증권사가 아닌데도 불구하고 '주식 투자 잘해요.' 한다면 우스갯소리로 들릴 수 있습니다. 하지만 어찌 보면 이윤 추구가 목적인 회사에서 투자가 흠은 아닙니다. 다만 본연의 사업이 엉망인데 근거 없는 금융자산에 투자하는 것일 경우에는 주주들의 비난을 막을 순 없습니다.

02

회사도 투자자산을 운용한다

재무상태표에 나와 있는 분포를 보고, 그 회사가 관심을 가지고 주력하는 사업이 무엇인지도 판단할 수 있습니다. 예를 들면 회사가 신사업을 전개하려고 할 때, 가지고 있는 자산들이 신사업과 연관성이 떨어지고, 투자하고 있는 금액이 적다면 아무리 홍보를 해도 내용을 신뢰하기 힘듭니다. 단기에 이룰 수 없는 프로젝트라는 점을 재무상태표를 보고 판단할 수 있습니다.

그런데 재무상태표에는 꼭 회사의 본연의 사업과 관련된 영업용 자산만 존재하지는 않습니다. 과외의 수익을 창출하기 위해서 '투자자산'이라는 항목을 갖고 있습니다. 개인과 비슷합니다. 우리도 부동산 투자와 주식 투자를 병행하면서 회사 일도 하고 가계를 꾸리지 않습니까? 회사도 투자자산을 운용합니다.

(주)내일신문은 회사명에서도 바로 알 수 있듯이 1993년에 설립된 신문사입니다. 이 회사도 '투자자산'이라는 명목으로 투자 활동을 합니다. 물론 신문과 관련된 사업도 잘 진행하고 있습니다. 재무제표는 본연의 사업이 아닌 사업 활동, 이익 활동에는 '투자'라는 이름을 붙이게 되어 있습니다. 토지와 공장 등을 나타내는 유형자산 외에 똑같은 형태의 토지와 건물이지만 임대료를 받거나, 매각을 통해 시세차익용으로 사들인 부동산은 재무제표에 유형자산이 아닌 투자부동산이라고 표기합니다.

내일신문에는 투자자산으로 수익증권이 꽤 많습니다. 단기투자

● DART 내일신문 2022 반기보고서 ●

문서목차
- 반 기 보 고 서
- 【 대표이사 등의 확인 】
- I. 회사의 개요
  - 1. 회사의 개요
  - 2. 회사의 연혁
  - 3. 자본금 변동사항
  - 4. 주식의 총수 등
  - 5. 정관에 관한 사항
- II. 사업의 내용
  - 1. 사업의 개요
  - 2. 주요 제품 및 서비스
  - 3. 원재료 및 생산설비
  - 4. 매출 및 수주상황
  - 5. 위험관리 및 파생거래
  - 6. 주요계약 및 연구개발활동
  - 7. 기타 참고사항
- III. 재무에 관한 사항
  - 1. 요약재무정보
  - 2. 연결재무제표
  - 3. 연결재무제표 주석
  - 4. 재무제표
  - 5. 재무제표 주석
  - 6. 배당에 관한 사항
  - 7. 증권의 발행을 통한 자금조
  - 8. 기타 재무에 관한 사항
- IV. 이사의 경영진단 및 분석의견
- V. 회계감사인의 감사의견 등
  - 1. 외부감사에 관한 사항
  - 2. 내부통제에 관한 사항
- VI. 이사회 등 회사의 기관에 관한
  - 1. 이사회에 관한 사항
  - 2. 감사제도에 관한 사항
  - 3. 주주총회 등에 관한 사항
- VII. 주주에 관한 사항

(2) 장기투자자산

(단위: 천원)

구 분	당 반 기	전 기
매도가능증권	53,900,431	56,865,392

① 매도가능증권

당반기말 및 전기말 현재 매도가능증권의 내역은 다음과 같습니다.

가. 당반기

(단위: 천원)

구 분	취득원가	공정가액	장부가액	미실현보유손익
지분증권				
삼성전자우	1,157,400	1,028,820	1,028,820	(128,580)
CJ	128,902	122,455	122,455	(6,447)
하나금융지주	679,022	622,989	622,989	(56,033)
KB금융	719,526	659,366	659,366	(60,160)
삼성생명	5,503,267	4,778,195	4,778,195	(725,072)
한진	705,701	594,725	594,725	(110,976)
SK	1,008,939	913,965	913,965	(94,974)
신영증권	197,744	182,105	182,105	(15,639)
신한지주	857,784	805,838	805,838	(51,946)
한국패러랠	762,111	943,672	943,672	181,561
우리금융지주	400,168	349,557	349,557	(50,611)
부국증권	129,532	119,410	119,410	(10,122)
대신증권우	847,980	718,259	718,259	(129,721)
POSCO홀딩스	764,760	687,812	687,812	(76,948)

자산으로 290억 원 정도를 불리고 있습니다. 신문사는 그렇게 크지 않은 회사인데 말입니다. 주석을 보면 꽤나 적극적으로 주식투자 포트폴리오를 구성하고 있습니다. 흥미롭습니다. 신문사가 삼성전자 우선주, 하나금융지주, KB금융, 삼성생명, 한진 등 다양하게 투자를 진행하고 있습니다. 장기투자자산으로 539억 원을 보유하고 있습니다. 최근에는 비트코인 등 가상자산에 투자하는 회사도 있습니다.

임대수익을 위한 투자부동산(feat. 신송홀딩스)

재무제표를 통해서 확인하는 투자자산을 보면 회사의 관심사를 느낄 수 있습니다. 회사가 전혀 연관성이 없는 자산 항목을 갖고 있으면 생각해 볼 필요가 있습니다. 투자부동산 역시 대표적인 비영

● DART 신송홀딩스 2022 반기보고서 ●

- 반 기 보 고 서
- 【 대표이사 등의 확인 】
- I. 회사의 개요
  - 1. 회사의 개요
  - 2. 회사의 연혁
  - 3. 자본금 변동사항
  - 4. 주식의 총수 등
  - 5. 정관에 관한 사항
- II. 사업의 내용
  - 1. 사업의 개요
  - 2. 주요 제품 및 서비스
  - 3. 원재료 및 생산설비
  - 4. 매출 및 수주상황
  - 5. 위험관리 및 파생거래
  - 6. 주요계약 및 연구개발활동

(1) 유형자산, 투자부동산 및 무형자산의 변동내역

(당반기)

(단위: 천원)

구 분	유형자산	투자부동산	무형자산
2022.01.01	16,947,208	182,992,197	1,498,541
취득	437,745	230,539	61,633
처분	(10)	(90,383)	(2)
감가상각 및 상각	(230,346)	(1,076,410)	(5,593)
타계정대체	-	-	-
환율변동효과	382,531	-	6,716
2022.06.30	17,537,128	182,055,943	1,561,295

업용 자산입니다.

신송홀딩스는 장류 관련 식품회사입니다. 여의도에 1,829억 원 정도 가치를 지닌 건물을 갖고 있습니다. 누구나 건물주가 제일이라고 합니다. 회사 역시 임대용 사무실을 좋아할 수 있습니다.

신송홀딩스는 본연의 장류 식품 사업이 어려울 때가 있었습니다. 그럼에도 불구하고 신송홀딩스의 주가는 떨어지지 않았습니다. 투자자들이 알았던 것입니다. 이 회사는 10억 원 정도 손해를 봐도 '임대료로 버틸 수 있는 회사다.' 이런 판단도 결국 재무제표상 회사가 가진 자산의 가치를 해석해서 내린 결론입니다. 참고로 투자 부동산에 대한 구체적인 정보도 주석을 통해서 얻을 수 있습니다.

임대료를 받는 투자부동산은 유형자산과 달리 '공정가치' 회계원칙을 적용합니다. 팔 수 있는 자산이기 때문에 시장가치로 표현해야 합니다. 유형자산과 투자부동산은 시장가치로 재평가하는 과정에서 화젯거리를 만들 때가 있습니다. 부동산의 경우 유형자산은 원가로 재무제표에 기록해 두었다가 매각 시 시장가치 변동이 클 때가 있기 때문입니다.

● DART 현대제철 2022 반기보고서: 주석 투자부동산 ●

11. 투자부동산

당반기와 전기 중 투자부동산의 변동내역은 다음과 같습니다.

(1) 당반기

(단위:천원)

구 분	기 초	취 득	공정가치 변동	처 분	대 체	반기말
토지(*1)	485,500,373	-	(14,096,760)	(307,835)	(382,363,040)	88,732,738
건물(*2)	9,182,841	13,024	-	-	902,548	10,098,413
합 계	494,683,214	13,024	(14,096,760)	(307,835)	(381,460,492)	98,831,151

(*1) 당기 중 삼표산업(주)에 382,363백만원에 매각하는 계약을 체결하여 매각예정자산으로 대체되었습니다.

(*2) 당기 중 일부 자산이 건설중인자산에서 대체되었습니다.

현대제철의 투자부동산이 4,946억 원으로 기록된 적이 있습니다. 현대제철이 갖고 있는 삼표레미콘 부지가 서울시의 개발 요청에 따라 매각대상이 되었기 때문입니다. 레미콘 공장 부지일 때는 투자부동산과 달리 원가로 표기했던 유형자산인데 사정이 변했습니다.

03

회사의 설립 목적에 필요한 자산, 영업용 자산

투자부동산, 금융자산, 현금 등은 직접적으로는 영업과 관련이 없는 자산입니다. 영업용 자산은 본연의 사업 경영 활동 중 '영업'과 직결되어 발생하는 자산을 말합니다.

재무제표는 산업혁명이 시초입니다. 산업혁명이 일어나자 가내 수공업에서 대규모 설비를 갖춘 공장이 세워졌습니다. 기계가 제품을 만드는 공장이 딸린 회사는 제품의 원가를 더 이상 사람의 손으로 추정할 수 없는 수준이 되었습니다.

가격을 합리적으로 정하기 위해, 그리고 가장 효율적인 방법으로 생산품을 만들기 위해서 재무제표가 더욱더 정밀해졌습니다. 그러다 보니 재무제표의 기본형은 제조업에서 나왔습니다. 간단하게 말하면 공장과 재고 등을 정리한 형태로 시작되었습니다.

대표적인 영업용 자산 : 재고자산

제조업에서 대표적인 영업용 자산은 만들어진 상품을 팔고 남은 재고자산(在庫資產)입니다. 재고자산이란 유동자산 중의 하나입니다. 정상적인 영업 과정에서 판매를 위하여 보유하거나 생산 중에 있는 자산 및 생산 또는 서비스 제공 과정에 투입될 원재료나 소모품 형태로 존재하는 자산을 말합니다.

재고는 어디에 있을까요? 창고에 있습니다. 주석을 보면 상품, 제품, 재공품, 원재료, 저장품으로 나뉘어 있는데 그 차이를 알아야 합니다.

재무제표상의 재고자산 잔액은 회사가 1년간 팔다가 12월 말에 정리했더니, 창고에 어느 정도가 남아 있음을 보여 줍니다. 잔액의 크기와 함께 창고에 있는 재고가 무엇이냐가 중요합니다. 핸드폰을 예로 들면 6개월마다 기종이 자꾸 바뀌는 상품의 경우 쌓이는 재고는 치명적일 수 있습니다. 팔 수 없는 악성 재고로 바뀌기가 쉽기

● DART SK텔레콤 2018 사업보고서 ●

문서목차
- 사 업 보 고 서
- 【 대표이사 등의 확인 】
- I. 회사의 개요
  - 1. 회사의 개요
  - 2. 회사의 연혁
  - 3. 자본금 변동사항
  - 4. 주식의 총수 등
  - 5. 의결권 현황
  - 6. 배당에 관한 사항 등
- II. 사업의 내용
- III. 재무에 관한 사항
  - 1. 요약재무정보
  - 2. 연결재무제표

10. 재고자산

(1) 당기말과 전기말 현재 재고자산 내역은 다음과 같습니다.

(단위: 백만원)

구 분	당기말			전기말		
	취득원가	평가손실충당금	장부금액	취득원가	평가손실충당금	장부금액
상품	268,366	(8,842)	259,524	251,463	(7,488)	243,975
제품	1,260	(251)	1,009	1,889	(557)	1,332
재공품	3,985	(338)	3,647	1,906	(956)	950
원재료	11,729	(2,706)	9,023	10,426	(3,249)	7,177
저장품	14,850	-	14,850	18,969	-	18,969
합 계	300,190	(12,137)	288,053	284,653	(12,250)	272,403

때문입니다. 제때에 상품으로 출고되어 매출로 회사의 손익에 기여하도록 '관리'해 주어야 합니다.

핸드폰 회사의 재고 관리는 유명한데 삼성전자와 애플을 비교합니다. 중요한 지표가 바로 재고가 얼마 만에 매출액으로 변하는지 '회전율'에 대한 비교가 화젯거리로 떠오른 적이 있습니다. 제조업 회사는 재고자산 관리가 원가와 이익에 민감할 수 있습니다. 창고 유지비용, 물류비용 등 신상품의 진부화(오래 되어 가치가 떨어지는)를 막는 관리 지표가 바로 회전율입니다. 그리고 어떤 재고들이 있는지도 회사의 성격에 따라 다릅니다.

재고자산 하위 계정인 상품은 다른 회사에 만들어진 것으로 회사가 그냥 유통시키는 재고입니다. 제조해서 파는 걸 제품이라고 말합니다. 제공품은 제조 중간 단계에서 지금 만들고 있는, 컨베이어 벨트에 놓여 있는, 완제품이 아닌 제품입니다. 원재료는 그것보다 더 이전 단계로 선박의 원재료면 철강입니다. 저장품은 제품을 만들기 위해서 쌓아 두어야 할 원재료입니다. 자동차 제조 부품인 너트와 볼드 수백만 개를 쌓아 두면 저장품입니다.

재고자산 역시 평가를 통해 가치 변동이 많은 품목이 있습니다. 원유가 대표적입니다. 원유값이 50~100달러로 변동성이 높을 때 정유회사의 재고자산 평가이익이 엄청난 경우가 있습니다.

그저 창고에 남은 보관된 상품만이 아닙니다. 재고가 중요한 회사가 많습니다. 최근 부상하고 있는 2차전지 관련 기업들도 2차전지 관련 원재료를 확보하려고 합니다. 레미콘 회사가 시멘트 회사로부터 1년 치 물량 재고를 확보하는 것 역시 재고 관리를 통해 이익을 극대화하려는 노력입니다. 재무제표 재고자산의 수치가 급변할 때는 이와 같은 이유와 근거가 없다면 판매가 안 된다는 부정적인 원인을 확인해 보아야 합니다.

재고자산은 상품, 제품 등으로 표현되지만 회사가 어디인지에 따라 재고자산 성격이 달라집니다. 좀 특이한 재고자산의 예를 들어 보겠습니다. 동원산업은 재고자산으로 어획물, 미착품 등을 갖고 있습니다. 원양어업이 주력 산업인 동원산업은 참치캔을 만드는 회사입니다. 어획물은 냉동창고에 보관되어 있는 어류입니다.

그런데 미착품은 뭘까요? 아직 도착하지 않았지만 회사의 소유인 재고입니다. 상상해 보세요. 태평양 한가운데서 잡은 참치가 아직은 배 안의 보관고에 있습니다. 이게 동원산업 창고까지 오는 데는 한 달 이상이 걸립니다. 이런 경우 재고자산 결산 시에 미착품으로 구분합니다.

● DART 동원산업 2022 사업보고서 ●

정 정 신 고 (보고)
【 대표이사 등의 확인 】
사 업 보 고 서
【 대표이사 등의 확인 】
I. 회사의 개요
1. 회사의 개요
2. 회사의 연혁
3. 자본금 변동사항
4. 주식의 총수 등
5. 정관에 관한 사항
II. 사업의 내용
1. 사업의 개요
2. 주요 제품 및 서비스
3. 원재료 및 생산설비
4. 매출 및 수주상황

12. 재고자산

(1) 당기말과 전기말 현재 재고자산의 내역은 다음과 같습니다.

(단위: 천원)

구 분	당기말			전기말		
	취득원가	평가충당금	장부금액	취득원가	평가충당금	장부금액
상품	26,019,174	(2,458)	26,016,716	23,105,259	(535,355)	22,569,904
어획물	40,244,257	(2,719,617)	37,524,640	28,395,444	(3,272,514)	25,122,930
제품	277,249,443	(28,697)	277,220,746	276,062,360	(491,251)	275,571,109
원부재료	46,752,300	(18)	46,752,282	58,293,627	(151,339)	58,142,288
저장품	62,883,756	-	62,883,756	61,561,364	-	61,561,364
미착품	40,749,517	-	40,749,517	22,561,518	-	22,561,518
합 계	493,898,447	(2,750,790)	491,147,657	469,979,572	(4,450,459)	465,529,113

회전율로 얼마나 빨리 파는지를 알 수 있다

회전율을 통해 재고가 얼마큼 쌓여 있는지, 매출을 통해서 재고자산이 얼마나 빨리 현금화되는지 속도를 알 수 있습니다. 어느 회사든 만들어 놓은 물건이 빨리 팔리고 재고가 없는 것이 가장 바람직합니다. 회사에서 제품을 생산하고 판매를 하다 보면 어느 정도 판매 패턴이 생기고 재고자산 보관 역시 관리 기준이 생깁니다. 재무제표상으로도 일정한 재고자산 보유량이 보이는 이유입니다.

재고자산 회전율을 직접 계산해 보겠습니다. 예를 들어 매출이 1,200억 원인 회사가 있습니다. 그런데 연말에 100억 원의 재고자산이 남았습니다. 이 회사는 한 달에 100억 원씩 매출 판매고를 올리고 있습니다. '1200 ÷ 100 = 12'로 재고자산 회전율이 12입니다. 재고자산이 1년에 12번 회전하는 거죠. 그런데 만약 어느 해에 매출액은 동일한데 재고자산이 200억 원이 남아 있다면 '1200 ÷ 200 = 6'으로 재고자산 회전율이 절반으로 떨어집니다. 재고가 전보다 많이 남았고, 앞으로도 창고에서 잘 빠지지 않는다는 신호입니다.

재고 관리의 정책이 바뀌지 않았다면 매출이 주춤하거나 기존 제품이 안 팔리기 시작했다는 부정적인 신호입니다. 재무제표를 통해 재고가 남고 회전율이 떨어지는 것을 확인한다면 곧바로 원인을 찾아야 합니다.

셀트리온헬스케어와 관련해서 재고자산이 화두가 된 적이 있습니다. 2012~15년에 셀트리온헬스케어의 재고자산 회전율은 0.2가

되지 않습니다. 창고에 남아 있는 재고 중에서 20% 미만이 판매된다는 뜻입니다. 이 부분이 셀트리온 그룹이 가장 많이 지적받았던 문제점입니다.

재고자산이 전체 자산의 80% 이상 비중을 차지할 때가 있었습니다. 아무리 약이라도 천년, 만년 썩지 않는 것은 아닙니다. 만들고는 있지만 실제로 안 팔리고 있다는 것은 재고자산 회전율로 입증할 수 있습니다. 다행히 이후에 셀트리온헬스케어의 재고 비중이 50%, 57%로 떨어지기 시작했습니다. 결론적으로 재무제표의 재고자산이 늘고, 회전율이 떨어질 때는 반드시 원인과 추이를 파악해

● 셀트리온헬스케어 ●

(단위: 억 원)

	FY19 1Q	FY18	FY17	FY16	FY15	FY14	FY13	FY12
재무상태표								
자산총계	28,678	29,485	28,749	20,057	15,720	13,003	10,723	8,451
재고자산	16,850	16,969	15,747	14,721	13,955	11,128	9,316	6,788
자산 대비 재고자산 비중	58.8%	57.6%	54.8%	73.4%	88.8%	85.6%	86.9%	80.3%
재고자산 회전율	0.13	0.42	0.58	0.50	0.19	0.18	0.16	0.05
손익계산서								
매출액	2,205	7,134	9,209	7,332	2,695	1,964	1,452	338
영업이익	94	(252)	1,537	1,553	308	559	393	(224)
당기순이익	58	113	1,574	971	(363)	(3,533)	192	(245)

야 합니다.

아직 현금화하지 못한 자산 : 매출채권

두 번째 영업용 자산은 매출채권입니다. 매출채권은 거래처 또는 판매 후에 받아야 할 외상값입니다. 보통 회사 간의 거래 후에는 어음이나 매출채권을 발행합니다. 그중에 재고자산과 마찬가지로 결산기인 12월 말쯤 아직 현금으로 회수되지 못한 매출채권의 잔액을 재무제표에 기록합니다.

매출채권, 미수금, 선급금은 모두 받아야 할 돈의 다른 표현입니다. 회사의 영업과 관련된 건 매출채권으로 표현하고, 사업이 아닌

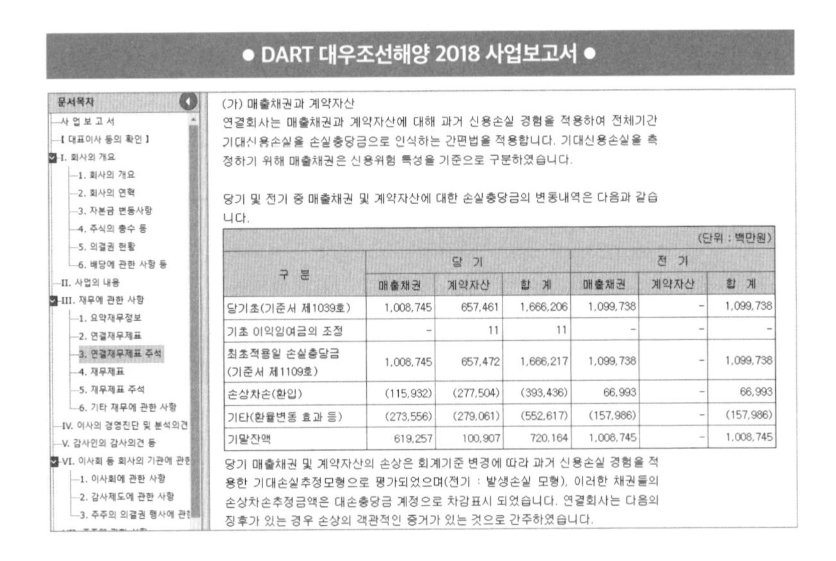
● DART 대우조선해양 2018 사업보고서 ●

(가) 매출채권과 계약자산

연결회사는 매출채권과 계약자산에 대해 과거 신용손실 경험을 적용하여 전체기간 기대신용손실을 손실충당금으로 인식하는 간편법을 적용합니다. 기대신용손실을 측정하기 위해 매출채권은 신용위험 특성을 기준으로 구분하였습니다.

당기 및 전기 중 매출채권 및 계약자산에 대한 손실충당금의 변동내역은 다음과 같습니다.

(단위 : 백만원)

구 분	당 기			전 기		
	매출채권	계약자산	합 계	매출채권	계약자산	합 계
당기초(기준서 제1039호)	1,008,745	657,461	1,666,206	1,099,738	-	1,099,738
기초 이익잉여금의 조정	-	11	11	-	-	-
최초적용일 손실충당금 (기준서 제1109호)	1,008,745	657,472	1,666,217	1,099,738	-	1,099,738
손상차손(환입)	(115,932)	(277,504)	(393,436)	66,993	-	66,993
기타(환율변동 효과 등)	(273,556)	(279,061)	(552,617)	(157,986)	-	(157,986)
기말잔액	619,257	100,907	720,164	1,008,745	-	1,008,745

당기 매출채권 및 계약자산의 손상은 회계기준 변경에 따라 과거 신용손실 경험을 적용한 기대손실추정모형으로 평가되었으며(전기 : 발생손실 모형), 이러한 채권들의 손상차손추정금액은 대손충당금 계정으로 차감표시 되었습니다. 연결회사는 다음의 징후가 있는 경우 손상의 객관적인 증거가 있는 것으로 간주하였습니다.

토지, 기계 매각대금 중 받지 못한 돈은 미수금, 선급금 등으로 표현합니다.

매출채권의 정확한 과정을 이해하기 위해서는 재무제표 매출액 기록을 위한 '수익인식 조건'을 알아야 합니다. 수익인식은 매출이 발생한다는 것을 제품이나 상품의 인도 또는 서비스의 제공으로 정합니다.

공급자가 소비자에게 상품과 서비스의 인도 의무를 이행했는데 돈이 안 들어왔을 때를 매출채권의 잔액이라고 생각하면 됩니다. 그렇다면 남아 있는 매출채권은 미래에 현금화되어야 합니다. 마치 재고자산이 창고에서 빠져나와 매출로 잡히는 것처럼 매출채권의 관건은 얼마나 빨리 현금으로 회수되는가입니다.

그러니 재고자산처럼 매출채권 역시 회전율이 중요한 지표입니다. 매출채권 역시 '매출액÷매출채권'을 통해 1년 안에 회전되는 횟수를 파악합니다. 이를 365일로 다시 나누어 회사가 매출을 발생한 후 며칠 만에 현금을 받는지까지 확인할 수 있습니다. 매출채권과 재고자산 회전율 둘 다 동일 업종을 기준으로 비교해 특히 회전율

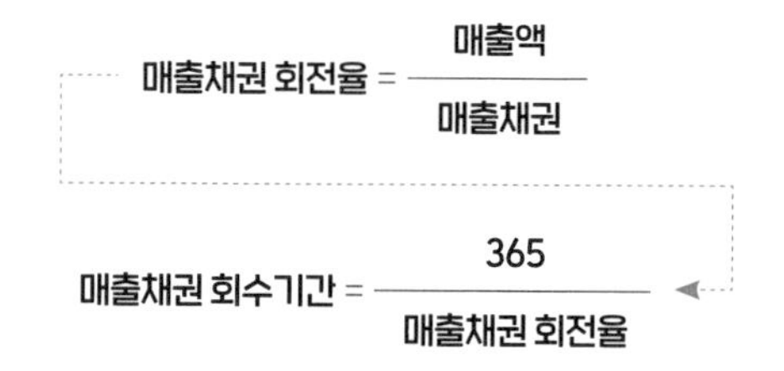

이 느려지면 이상 징후로 판단해야 합니다.

매출채권에 관한 특이사항으로 과거에 있었던 모뉴엘 사태를 들 수 있습니다. 모뉴엘은 매출채권을 은행에 과하게 할인했던 회사입니다. 허위 매출을 발생시키고 실제로 매출채권은 현금화되지 않기 때문에 은행을 통해서 이를 유동화하고, 또다시 허위 매출채권을 발행했던 회사입니다. 정상적인 회사에서 하지 않았던 매출채권 처리 방식이 주석에 고스란히 나와 있습니다.

그런데도 대부분의 시중 은행은 모뉴엘의 매출채권을 의심하지 않았습니다. 매출채권의 현금화 과정은 기업이 돈을 버는 최종 단계 중 하나입니다. 건강한 회사라면 매출채권의 회수 정도와 크기 등으로도 확인할 수 있습니다.

사업 목적을 달성하기 위한 자산 : 유형자산

제조업의 영업용 자산 중에 반드시 필요한 사산으로 유형자산을 빼놓을 수 없습니다. 요즘은 제조업이지만 실제로는 유통업처럼 제조는 다른 곳에 맡기는 경우가 많습니다. OEM 형태로 회사의 브랜드와 기술력으로 사업을 운영합니다. 이럴 경우 제조설비, 공장, 토지 등 유형자산은 그다지 필요하지 않습니다. 하지만 경영 수단으로서 반복되고 구체적인 형태를 갖춘 고정자산은 어느 회사나 필요하고, 재무제표를 통해서 표현되어야 합니다.

● DART 현대제철 2021 사업보고서: 주석 유형자산 ●

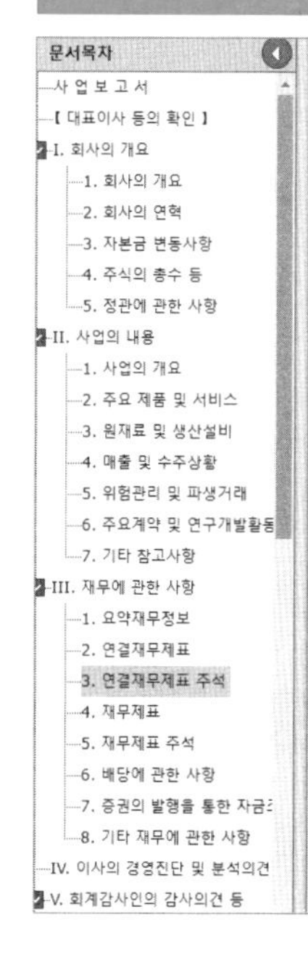

(9) 유형자산

유형자산은 최초에 원가로 측정하여 인식하고 있습니다. 유형자산의 원가에는 경영진이 의도하는 방식으로 자산을 가동하는데 필요한 장소와 상태에 이르게 하는데 직접 관련되는 원가 및 자산을 해체, 제거하거나 부지를 복구하는데 소요될 것으로 추정되는 원가가 포함됩니다.

유형자산은 최초 인식 후에는 원가에서 감가상각누계액과 손상차손누계액을 차감한 금액을 장부금액으로 하고 있습니다.

유형자산의 일부를 대체할 때 발생하는 원가는 해당 자산으로부터 발생하는 미래 경제적 효익이 연결실체에 유입될 가능성이 높으며 그 원가를 신뢰성 있게 측정할 수 있는 경우에 자산의 장부금액에 포함하거나 적절한 경우 별도의 자산으로 인식하고 있습니다. 이때 대체된 부분의 장부금액은 제거하고 있습니다. 그 외의 일상적인 수선・유지와 관련하여 발생하는 원가는 발생시점에 당기손익으로 인식하고 있습니다.

유형자산 중 토지는 감가상각을 하지 않으며, 그 외 유형자산은 자산의 취득원가에서 잔존가치를 차감한 금액에 대하여 아래에 제시된 내용연수에 걸쳐 해당 자산에 내재되어 있는 미래 경제적 효익의 예상 소비 형태를 가장 잘 반영한 정액법으로 상각하고 있습니다.

유형자산을 구성하는 일부의 원가가 당해 유형자산의 전체 원가와 비교하여 유의적이라면, 해당 유형자산을 감가상각할 때, 그 부분은 별도로 구분하여 감가상각하고 있습니다.

어떤 면에서 유형자산은 쉽게 이해할 수 있는 자산입니다. 가장 큰 특징은 눈에 보이기 때문입니다. 제조업은 공장을 위해서 토지, 건물, 설비, 기계장치가 필요합니다. 회사를 접지 않을 것이라면 유형자산은 팔지 않기 때문에 '원가'로 장부에 표시하고 감가상각(가치가 하락한 바를 재무제표상으로 반영)을 합니다.

유형자산의 구체적인 항목은 보통 9개 정도입니다.

① 토지	② 건물	③ 기계장치
④ 구축물	⑤ 선박	⑥ 차량운반구
⑦ 공구와 기구	⑧ 비품	⑨ 건설 중인 자산

유형자산은 기업 본연의 사업 목적을 달성하기 위해서 장기간 보유하는 자산이라는 특징이 있습니다.

항목이 아니라도 유형자산은 크기로 산업을 구별하는 특징이 될 수 있습니다. 유형자산이 아주 거대한 기업과 유형자산이 거의 없는 기업으로 이분할 수 있습니다. 한국조선해양은 유형자산 총계가 약 10조 원입니다. 물론 자산총계는 약 30조 원에 달하지만 유형자산 약 10조 원은 거대한 공장과 대규모 설비를 상상하게 만듭니다. 실제로 조선업, 철강 등 중후장대 산업이라고 불리는 기업들은 유형자산의 크기가 엄청납니다.

● DART 한국조선해양 2022 반기보고서: 주석 16 유형자산 ●

16. 유형자산

(1) 당반기와 전기 중 유형자산의 변동내역은 다음과 같습니다.

① 당반기

(단위:백만원)

구 분	토지	건물	구축물	기계장치(*)	건설중인자산	기타자산	합 계
기초	5,042,990	1,865,406	1,430,338	818,739	190,342	524,197	9,872,012
취득/대체	6	17,429	14,090	74,387	80,837	69,745	256,494
처분	(712)	(365)	(476)	(2,212)	-	(1,323)	(5,088)
감가상각	-	(33,086)	(27,583)	(68,888)	-	(54,067)	(183,624)
환율변동효과	-	4,040	7,172	2,043	2,563	1,588	17,406
기말	5,042,284	1,853,424	1,423,541	824,069	273,742	540,140	9,957,200
취득원가	5,042,284	3,213,305	2,619,291	4,318,661	273,742	2,523,734	17,991,017
정부보조금	-	(1,883)	(97)	(726)	-	(225)	(2,931)
감가상각누계액	-	(1,255,441)	(1,059,020)	(3,385,411)	-	(1,900,724)	(7,600,596)
손상차손누계액	-	(102,557)	(136,633)	(108,455)	-	(82,645)	(430,290)

유형자산의 크기가 경쟁자를 제치는 '해자'가 되기도 합니다. 즉 한국조선해양과 경쟁하기 위해서는 제품 생산을 위한 설비 등이 약 10조 원 이상 되어야 한다는 점입니다. 유형자산이 큰 회사는 경영 활동 자체가 대단히 무겁습니다. 거대한 제품을 만들고 한 번 투자할 때 수조 원이 듭니다. 마치 공룡과 같은 기업은 유형자산의 비중이 높기 마련입니다.

재무제표를 통해 유형자산의 규모를 확인하면 해당 회사가 유형자산을 유지하기 위해 얼마큼의 돈이 필요한지도 고려해 봅니다. 시장이 좋을 때는 유형자산이 큰 회사는 마진율이 낮지만 워낙 제품 사이즈가 크다 보니 높은 이익을 자랑할 수 있습니다.

그러나 반대로 시장 사이클이 하락기로 접어들면 공장 유지비부터 수많은 직원의 인건비까지 모든 게 부담이 될 수 있습니다. 시장이 나쁠 때 손해의 폭이 큰 게 유형자산 비중이 큰 회사의 특징입니다.

유형자산 비중으로 회사 성격을 유추할 수 있다

반대로 유형자산이 적은 회사는 어떤 곳일까요? 제조업이 아닌 서비스를 제공하는 기업은 공장이 필요 없으니 유형자산이 적을 것입니다. 제조를 하더라도 PC를 통해서 제품을 만드는 회사 역시 마찬가지입니다. IT 기업, 특히 게임회사는 유형자산이 거의 없거나 적습니다.

스마일게이트홀딩스라는 회사는 게임회사입니다. 2021년 자산 총계는 약 3.2조 원, 유형자산은 3,457억 정도입니다. 얼마 전에 판교에 본사 건물을 사는 바람에 유형자산이 급격히 늘어났습니다. 2015년에는 자산 1조 원이라고 해도 123억 원의 유형자산뿐이었습니다. 게임회사답게 컴퓨터만 유형자산으로 잡혀 있었습니다.

유형자산의 비중만으로도 회사의 성격을 유추할 수 있습니다. 유형자산이 적은 회사는 경영 활동이 가볍습니다. 회사의 사업방향 변경도 손쉽습니다. 유형자산의 구성 항목을 보고 설비와 기계장치가 중요한 회사인지 아닌지를 구별해 보아도 좋습니다.

● DART 스마일게이트홀딩스: 유형자산 ●

문서목차
- 정 정 신 고 (보고)
- 감 사 보 고 서
- 독립된 감사인의 감사보고서
- (첨부)연 결 재 무 제 표
  - 연 결 재 무 상 태 표
  - 연 결 손 익 계 산 서
  - 연 결 자 본 변 동 표
  - 연 결 현 금 흐 름 표
  - 주석
- 외부감사 실시내용

4. 장기대여금	126,750,000		16,449,871,457	
5. 창업투자자산(주석6)	38,682,183,950		35,974,363,145	
(2) 유형자산(주석7)		114,076,052,067		12,381,181,482
1. 토지	34,038,284,437		1,428,484,437	
2. 건물	79,951,985,295		3,861,785,295	
감가상각누계액	(6,189,943,438)		(386,633,805)	
3. 시설장치	9,714,809,336		10,535,900,739	
감가상각누계액	(7,142,429,190)		(7,850,516,063)	
4. 차량운반구	1,892,210,336		2,044,261,673	
감가상각누계액	(1,273,015,953)		(1,172,951,425)	
5. 비품	10,902,421,041		12,041,175,925	
감가상각누계액	(7,818,269,797)		(8,120,325,294)	
(3) 무형자산(주석9)		20,852,426,937		16,257,600,765
1. 영업권	4,922,178,081		955,519,134	
2. 산업재산권	104,026,137		105,569,103	
3. 소프트웨어	3,161,057,265		3,664,066,827	
4. 기타의무형자산	8,259,885,454		8,552,445,701	
5. 무형의건설중인자산	4,405,280,000		2,980,000,000	
(4) 기타비유동자산		101,782,737,037		54,563,103,429
1. 임차보증금	64,187,232,700		49,515,693,195	
2. 기타보증금	455,815,028		454,646,523	
3. 회원권	4,388,473,679		4,188,037,589	
4. 장기미수금	240,491,500		-	
5. 장기선급비용	262,162,885		167,985,875	
6. 비유동이연법인세자산(주석19)	32,248,561,245		236,740,247	
자 산 총 계		1,426,336,309,724		1,077,978,402,403

● DART 에버랜드 2012 감사보고서: 주석 유형자산 ●

11. 유형자산

(1) 당기말 및 전기말 현재 유형자산 장부금액의 구성내역은 다음과 같습니다.

(당기말) (단위:천원)

구 분	취득원가	감가상각누계액	공사부담금(주)	장부금액
토지	693,407,651	-	-	693,407,651
건물	184,518,155	34,236,631	-	150,281,524
구축물	875,125,848	269,593,603	-	605,532,245
기계장치	153,536,174	72,277,248	4,250,029	77,008,897
차량운반구	32,755,357	19,913,646	-	12,841,711
공구와기구	255,914,892	160,068,768	-	95,846,124
동물	2,564,372	1,813,571	-	750,801
식물	18,753,298	-	-	18,753,298
건설중인자산	89,654,698	-	-	89,654,698
합 계	2,306,230,445	557,903,467	4,250,029	1,744,076,949

각 회사의 사업 성격에 따라 유형자산은 변합니다. 특이한 유형자산이 많습니다. '건설중인자산'은 조선회사일 경우 선박이고, 건설회사이면 건물이 될 수 있습니다. 에버랜드는 유형자산에 동물, 식물이 있습니다. 우리가 구경하는 호랑이와 백곰은 이미 감가상각이 다 지난 자산이라고 합니다. 유형자산은 회사가 이를 영업용으로 사용할 수 있는 기간을 정합니다. 이를 내용연수라고 하는데 그 기간 동안 일정한 기준에 따라 가치가 줄어드는 감가상각이라는 회계처리를 합니다.

보이지 않는 회사의 자산 : 무형자산

유형자산과 대비되는 무형자산에 대해 알아보겠습니다. 자산은 팔아서 돈이 되는 가치입니다. 회사가 재무제표에 자산총계를 2조 원으로 기록했다면 이는 '우리 회사 2조 원짜리에요.'라고 주장하는 것입니다. 그나마 유형자산은 눈에 보이고, ××억 원의 유형자산이 있는데 값어치는 따져 보자고 이야기할 수도 있습니다.

그런데 무형자산은 형태가 없는, 보이지 않는 자산입니다. 회사의 주장이지만 증명하기 어려울 수 있습니다. 회사가치에 대한 쟁점이 발생한다면 가장 문제가 될 수 있는 자산이 바로 무형자산입

● DART 셀트리온 2021 사업보고서: 주석 무형자산 ●

문서목차

- 정 정 신 고 (보고)
- 【 대표이사 등의 확인 】
- 사 업 보 고 서
- 【 대표이사 등의 확인 】
- I. 회사의 개요
  - 1. 회사의 개요
  - 2. 회사의 연혁
  - 3. 자본금 변동사항
  - 4. 주식의 총수 등
  - 5. 정관에 관한 사항
- II. 사업의 내용
  - 1. 사업의 개요
  - 2. 주요 제품 및 서비스
  - 3. 원재료 및 생산설비
  - 4. 매출 및 수주상황
  - 5. 위험관리 및 파생거래
  - 6. 주요계약 및 연구개발활동
  - 7. 기타 참고사항
- III. 재무에 관한 사항
  - 1. 요약재무정보
  - 2. 연결재무제표
  - 3. 연결재무제표 주석
  - 4. 재무제표
  - 5. 재무제표 주석
  - 6. 배당에 관한 사항
  - 7. 증권의 발행을 통한 자금조

한정된 내용연수를 가지는 다음의 무형자산은 추정내용연수동안 정액법으로 상각됩니다.

과목	추정 내용연수
소프트웨어	5년
지적재산사용승인권	16년
개발비	10년 ~ 15년
산업재산권	5년
특허권	0년 ~ 5년
라이선스	5년 ~ 10년

연구 지출액은 발생시점에 비용으로 인식하고 있습니다. 연결기업에 의해 통제되면서 식별가능한 신제품, 신기술 등의 개발에서 발생하는 원가는 다음 요건을 모두 충족하는 경우에 무형자산으로 인식하고 있습니다.

- 무형자산을 사용하기 위해 그 자산을 완성할 수 있는 기술적 실현 가능성
- 무형자산을 완성하여 사용하거나 판매하려는 기업의 의도
- 무형자산을 사용하여 판매할 수 있는 기업의 능력
- 무형자산이 미래경제적 효익을 창출하는 방법을 증명 가능
- 무형자산의 개발을 완료하고 그것을 판매하거나 사용하는데 필요한 기술적, 재정적 자원 등의 입수 가능성
- 개발과정에서 발생한 무형자산 관련 지출을 신뢰성 있게 측정 가능

이러한 요건을 만족하지 못하는 개발관련 지출은 발생 시 비용으로 인식하고 있습니다. 최초에 비용으로 인식한 개발원가는 그 이후 무형자산으로 인식할 수 없습니다.
연결기업의 무형자산 인식과 관련하여 경영진이 내린 판단은 다음과 같습니다.

니다.

대표적인 무형자산으로는 법률상의 권리를 가지는 산업재산권, 광업권, 어업권, 자치권, 경제적 자산인 영업권, 그리고 회계에서는 회사가 앞으로 돈을 벌 수 있다고 비용처리 대신 자산으로 잡는 '개발비' 등이 있습니다.

바이오 기업의 무형자산 : 개발비

개발비에 대해 추가로 설명하자면 바이오 기업의 신약 개발을 들 수 있습니다. 신약 개발과 관련된 비용은 임상, 실험, 장비 구입뿐만 아니라 연구원들의 인건비, 복리후생비도 포함할 수 있습니다. 사용 비용은 '경상연구개발비'라 하여 그냥 비용처리로 끝낼 수도 있습니다.

그런데 이런 비용처리와 달리 그 비용만큼을 '자산화'할 수 있습니다. 확실히 신약 개발이 확정적인 순간부터는 이후 이 비용의 합계가 '팔 수 있는' 신약기술의 가치를 갖기 때문에 '개발비'라는 이름의 무형자산으로 재무제표에 넣을 수 있습니다. 이는 회사의 선택입니다. 다만 꼼꼼한 원칙을 지켜야 합니다. 제약·바이오 기업의 신약 개발은 임상실험 3상이 지났거나, 전자제품과 같은 경우에는 시제품이 나온다든지 확정적으로 성공을 예측할 수 있는 단계를 넘어야 합니다.

그렇게 몇 년간 개발비로 무형자산 항목에 적었더라도 최종 개발 실패로 재무제표상에서 삭제해야 하는 경우가 발생합니다. 무형자산은 회사가 주장해서 가치가 있다고 재무제표에 넣었지만, 재무제표를 읽는 이해관계자는 그 논리를 꼼꼼하게 따져 보아야 합니다.

새로 산 회사의 경쟁력 : 영업권

영업권은 카카오의 주석처럼 회사의 사업 결합 시 발생합니다. 카카오는 사업 초기에 다수의 IT 기업을 인수합병했습니다. 그들의 기술력을 카카오에 귀속하기 위한 전략입니다. 회사를 살 때 재무제표에는 3,000억 원짜리 회사를 3,500억 원에 주고 산 것을 기록해

● DART 카카오 2021 사업보고서: 주석 영업권 ●

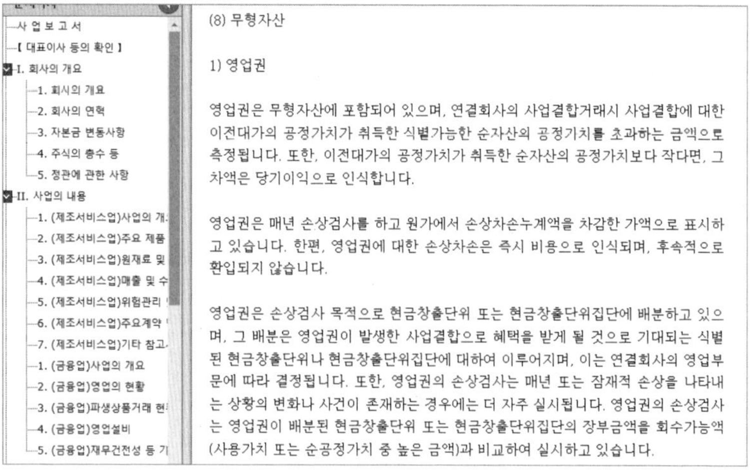

사 업 보 고 서
【 대표이사 등의 확인 】
I. 회사의 개요
1. 회사의 개요
2. 회사의 연혁
3. 자본금 변동사항
4. 주식의 총수 등
5. 정관에 관한 사항
II. 사업의 내용
1. (제조서비스업)사업의 개
2. (제조서비스업)주요 제품
3. (제조서비스업)원재료 및
4. (제조서비스업)매출 및 수
5. (제조서비스업)위험관리
6. (제조서비스업)주요계약
7. (제조서비스업)기타 참고
1. (금융업)사업의 개요
2. (금융업)영업의 현황
3. (금융업)파생상품거래 현
4. (금융업)영업설비
5. (금융업)재무건전성 등 기

(8) 무형자산

1) 영업권

영업권은 무형자산에 포함되어 있으며, 연결회사의 사업결합거래시 사업결합에 대한 이전대가의 공정가치가 취득한 식별가능한 순자산의 공정가치를 초과하는 금액으로 측정됩니다. 또한, 이전대가의 공정가치가 취득한 순자산의 공정가치보다 작다면, 그 차액은 당기이익으로 인식합니다.

영업권은 매년 손상검사를 하고 원가에서 손상차손누계액을 차감한 가액으로 표시하고 있습니다. 한편, 영업권에 대한 손상차손은 즉시 비용으로 인식되며, 후속적으로 환입되지 않습니다.

영업권은 손상검사 목적으로 현금창출단위 또는 현금창출단위집단에 배분하고 있으며, 그 배분은 영업권이 발생한 사업결합으로 혜택을 받게 될 것으로 기대되는 식별된 현금창출단위나 현금창출단위집단에 대하여 이루어지며, 이는 연결회사의 영업부문에 따라 결정됩니다. 또한, 영업권의 손상검사는 매년 또는 잠재적 손상을 나타내는 상황의 변화나 사건이 존재하는 경우에는 더 자주 실시됩니다. 영업권의 손상검사는 영업권이 배분된 현금창출단위 또는 현금창출단위집단의 장부금액을 회수가능액(사용가치 또는 순공정가치 중 높은 금액)과 비교하여 실시하고 있습니다.

야 할 때가 있습니다. 반드시 인수하기 위해서 기존 기업가치보다 더 인정해 준 셈입니다.

이때 발생한 차액 500억 원이 '무형자산 영업권'으로 기록됩니다. 흔히 영업권을 가게 권리금과 비유하는데 정확하지는 않습니다. 카카오가 영업권의 대표 사례가 되는 이유는 어떤 시점에 카카오의 영업권이 자산총계의 70% 비중이었던 적이 있기 때문입니다. 2016년 기준 당시 자산총계가 5.4조 원인데 무형자산이 3.7조 원에 달했습니다.

카카오가 3조 원 이상의 영업권을 수년간 유지할 수밖에 없었던 것은 몇 십 개의 회사를 M&A했기 때문입니다. 이걸 다르게 표현하면 다음과 같습니다. "우리 회사는 많은 기업의 미래가치를 보고 무형자산 영업권 3조 원만큼을 더 주고 샀다." 만약 그 회사들이 그렇지 않다면 어찌 될까요? 3조 원만큼 손해가 발생합니다.

● DART 카카오 2018 사업보고서: 주석 영업권 ●

- 사 업 보 고 서
- 【 대표이사 등의 확인 】
- I. 회사의 개요
  - 1. 회사의 개요
  - 2. 회사의 연혁
  - 3. 자본금 변동사항
  - 4. 주식의 총수 등
  - 5. 의결권 현황
  - 6. 배당에 관한 사항 등
- II. 사업의 내용
- III. 재무에 관한 사항
  - 1. 요약재무정보
  - 2. 연결재무제표
  - 3. 연결재무제표 주석
  - 4. 재무제표
  - 5. 재무제표 주석
  - 6. 기타 재무에 관한 사항
- IV. 이사의 경영진단 및 분석의견
- V. 감사인의 감사의견 등
- VI. 이사회 등 회사의 기관에 관한 사
  - 1. 이사회에 관한 사항
  - 2. 감사제도에 관한 사항
  - 3. 주주의 의결권 행사에 관한 사
- VII. 주주에 관한 사항
- VIII. 임원 및 직원 등에 관한 사항

가. 당기 무형자산의 변동내역은 다음과 같습니다.

(단위: 천원)

과목	영업권(주1)	개발비(주2)	산업재산권(주2)	전속권(주2)	회원권/브랜드(주2)	기타의무형자산(주2,3)	합계
〈장부금액의 변동〉							
기초 순장부금액	3,020,578,844	16,231,047	37,186,705	6,499,837	350,404,317	258,681,284	3,689,582,034
취득	-	519,416	442,251	4,328,117	7,493,406	45,399,652	58,182,842
대체	-	-	-	-	-	214,427	214,427
연결범위변동	162,781,523	2,337,789	8,936,477	300,000	-	29,759,438	204,115,227
처분	(7,102,240)	(2,579,423)	-	(413,089)	(1,022,000)	(1,733,682)	(12,850,434)
무형자산상각비	-	(5,769,421)	(5,261,417)	(3,193,728)	-	(53,154,064)	(67,378,630)
무형자산손상차손	(898,471)	(1,871,732)	(1,901,289)	(133,188)	(708)	(3,514,397)	(8,319,785)
기타	250,781	(6,657)	64,114	1	-	1,411,067	1,719,306
기말 순장부금액	3,175,610,437	8,861,019	39,466,841	7,387,950	356,875,015	277,063,725	3,865,264,987
〈취득원가 및 장부금액〉							
2018년 12월 31일							
취득원가	3,194,833,525	23,991,397	44,070,999	8,752,193	356,875,015	358,336,006	3,986,859,135
상각누계액	-	(13,247,436)	(3,094,370)	(1,364,243)	-	(79,119,564)	(96,825,613)
정부보조금	-	(4,553)	(1,021)	-	-	(2,130)	(7,704)
손상차손누계액	(19,223,088)	(1,878,389)	(1,508,767)	-	-	(2,150,587)	(24,760,831)
순장부금액	3,175,610,437	8,861,019	39,466,841	7,387,950	356,875,015	277,063,725	3,865,264,987

다행히 그 이후 카카오의 계열사가 가치를 증명했습니다. 카카오 역시 성장해 무형자산의 분포가 줄어 무형자산 리스크를 해소했습니다. 카카오뱅크, 카카오엔터테인먼트 등 여러 계열사가 사업 궤도에 올라와 있습니다.

무형자산은 영업권과 개발비 등 무형의 가치를 포함합니다. 만약 영업권을 주고 산 회사가 꽃을 피우면 그 가치를 시장이 인정할 수밖에 없습니다. 개발비를 투자해 만든 신제품이 대박을 치며 성공하면 개발비는 걱정거리에서 우량자산으로 탈바꿈됩니다. 하지만 이는 미래의 성공을 가정할 때입니다. 반대라면 영업권, 개발비 모두 공중으로 날아가는 가치가 될 수 있습니다.

개발비와 영업권을 매년 손상차손처리하는 이유는 갑작스러운 재무제표상의 회사가치 변동을 막기 위해서입니다. 재무제표는 이해관계자에게 최대한 회사의 실체를 보여 주기 위해 노력합니다.

무형자산 개발비가 그 가치를 상실하는 경우는 바이오산업에서 많이 발생합니다. 아무리 임상 마지막 단계라고 해도 신약으로 최종 승인이 되지 못하면 10년 이상의 개발 과정이 물거품이 됩니다. 이를 재무제표 역시 반영하는데 무형자산 개발비 비용을 전액 삭제해야 합니다. 갑자기 자산이 줄어들고, 비용을 일시에 반영하는 결과를 낳습니다.

셀트리온 개발비 총계가 약 1.2조 원이 될 때가 있었습니다. 지금은 1.5조 원이 넘는데 이는 셀트리온의 입장입니다. 셀트리온의 재무제표를 보는 사람들은 비판적으로 이야기할 수 있어야 합니다.

● DART 셀트리온 2021 사업보고서: 주석 13 무형자산 ●

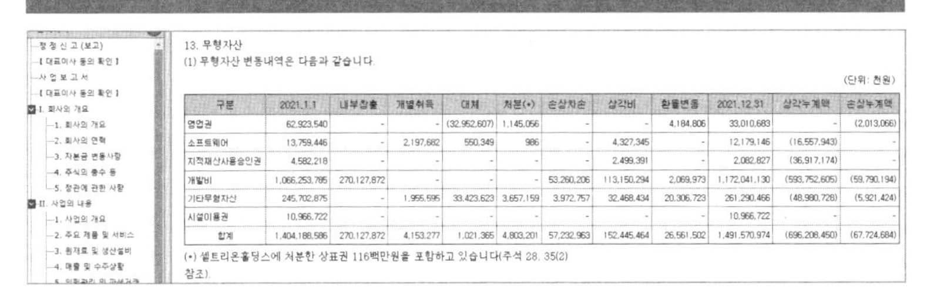

정 정 신 고 (보고)
【 대표이사 등의 확인 】
사 업 보 고 서
【 대표이사 등의 확인 】
I. 회사의 개요
1. 회사의 개요
2. 회사의 연혁
3. 자본금 변동사항
4. 주식의 총수 등
5. 정관에 관한 사항
II. 사업의 내용
1. 사업의 개요
2. 주요 제품 및 서비스
3. 원재료 및 생산설비
4. 매출 및 수주상황

13. 무형자산

(1) 무형자산 변동내역은 다음과 같습니다.

(단위: 천원)

구분	2021.1.1	내부창출	개별취득	대체	처분(*)	손상차손	상각비	환율변동	2021.12.31	상각누계액	손상누계액
영업권	62,923,540	-	-	(32,952,607)	1,145,056	-	-	4,184,806	33,010,683	-	(2,013,066)
소프트웨어	13,759,446	-	2,197,682	550,349	986	-	4,327,345	-	12,179,146	(16,557,943)	-
지적재산사용승인권	4,582,218	-	-	-	-	-	2,499,391	-	2,082,827	(36,917,174)	-
개발비	1,066,253,785	270,127,872	-	-	-	53,260,206	113,150,294	2,069,973	1,172,041,130	(593,752,605)	(59,790,194)
기타무형자산	245,702,875	-	1,955,595	33,423,623	3,657,159	3,972,757	32,468,434	20,306,723	261,290,466	(48,980,728)	(5,921,424)
시설이용권	10,966,722	-	-	-	-	-	-	-	10,966,722	-	-
합계	1,404,188,586	270,127,872	4,153,277	1,021,365	4,803,201	57,232,963	152,445,464	26,561,502	1,491,570,974	(696,208,450)	(67,724,684)

(*) 셀트리온홀딩스에 처분한 상표권 116백만원을 포함하고 있습니다(주석 28. 35(2) 참조).

"너희 너무 많이 자산화한 듯싶다. 리스크를 줄이기 위해서 개발비 자산화를 좀 줄여라."

외국계 제약회사는 개발비를 오히려 보수적으로 다 비용처리하는 경우도 있습니다. 조삼모사와 같지만 나중에 진짜 성공하면 비용처리를 먼저 해 두었기 때문에 자산은 줄어 있지만 더 높은 수익을 일시에 얻을 수 있습니다. 약간은 회계적 착시입니다. 즉 회사가 선택할 수 있는 영역이고 이런 선택에 외부의 이해관계자는 재무제표를 통해 회사의 의도를 읽고 판단할 수 있어야 합니다.

그 외의 무형자산에는 산업재산권이라는 브랜드와 관련된 것이 있고, '기타무형의자산'은 보통 계약관계를 나타냅니다. 연예인 전속계약금을 '기타무형의자산' 항목으로 처리하는 엔터테인먼트 회사도 있습니다. 고객관계라는 무형자산은 회사가 관리하는 개인정보를 담긴 고객DB 역시 자산가치가 있다고 할 수 있습니다.

그 외의 영업용 자산

이제 무형자산이 왜 영업용 자산인지 이해했을 것입니다. 회사의 주장만큼 가치가 없는 경우도 있지만, 보이지 않는데 가치를 가진 것이라면 회사의 이익 기여도가 높은 자산임에는 틀림없습니다. 예를 들어 코카콜라 브랜드는 매우 높은 가치를 갖고 있습니다. 보이지 않지만 영업에 도움이 되기 때문입니다. 개발비, 영업권 등 무형자산 역시 회사에 귀속되어 있습니다.

자산 항목에는 좀 특별난 것이 보일 때가 있습니다. 대여금은 특수관계자에게 빌려주는 금액을 뜻합니다. 아무에게나 회사가 대여해 줄 수는 없습니다. 아무에게나 빌려준다면 그건 대부업이나 금융사업입니다. 회사의 사업을 위해서 특수관계자인 종속회사, 계열사에 빌려줄 때 대여금이라는 자산 항목 계정을 씁니다. 우리가 가진 자산과 같으니 대여금도 자산 항목에 속합니다.

대여금은 특수관계자가 빌려 간 것이니 주의 깊게 봐야 할 포인트는 '누가' 어떻게 '연관'되는지의 관점으로 살피는 것입니다. SM상선이라는 회사가 대여금을 종속회사에 1천억 원을 빌려주었습니다. 이는 SM상선 주주 입장에서는 따져 봐야 할 내용입니다. 배당할 여력이 충분히 있는 자금 상황인데 그걸 사내유보도 아니고 계열사를 지원하는 데 사용한 것으로 주주들이 받아들일 수 있기 때문입니다.

재무상태표에는 더 많은 자산 항목이 있습니다. 그러나 자산 역시 골라서 읽어야 합니다. 적은 금액의 계정은 그다지 체크할 필요가 없습니다. 회사를 움직이는 큰 금액의 자산에 집중해야 합니다.

정리하면 꼭 보아야 할 것은 주석 1번 일반사항 그리고 종속기업, 영업부문입니다. 그리고 비영업용 자산과 영업용 자산으로 구분된 자산 항목을 읽습니다. 비영업용 자산은 대부분 투자와 관련되어 있습니다. 현금을 예치하거나 금융자산이나 투자자산으로 회사가 이윤을 추구합니다. 본연의 사업에 관련된 영업용 자산은 재고자산과 매출채권으로 얼마나 역동적으로 사업을 굴리는지 체크해야 하며, 회사가 유형자산과 무형자산으로 무엇을 가졌는지 확인하면 좋습니다.

회사가 본연의 사업은 제쳐 두고, 생긴 돈은 금융자산에 넣어 두고, 부동산 투자에 열을 올린다면 '회사가 딴 생각이 많네.'라는 관점으로 재무제표 숫자를 보아야 합니다. 영업에 관련된 재고는 어떻게 관리하고 있는지, 채권은 어떻게 받아들이고 있는지, 본연의 핵심 사업을 키우기 위해 투자는 제대로 하고 있는지를 살펴봐야 합니다. 또 브랜드나 영업권, 개발비를 통해 무형의 가치까지 향후에 미래비전을 실현할 수 있을 만큼 올려놨는지 등 재무제표 곳곳을 이런 관점으로 본다면 재무제표 읽기만으로도 회사의 실체를 정확히 파악할 수 있습니다.

재무제표를 읽어서 회사가 괜찮은지 아닌지를 분석 수준으로 정밀하게 계산해서 "몇 퍼센트 이상 괜찮다, 아니다."라고 말할 수는 없습니다. 다만 이분적인 명쾌함은 줄 수 있습니다. '좋다, 나쁘다', '괜찮은 회사, 나쁜 회사', '들어갈 회사, 떠날 회사', '주식 살 회사, 주식 팔 회사' 등으로 나눌 때 도움이 됩니다.

재무상태표는 회사의 전반을 포함하고 있는 핵심 재무제표입니다. 앞으로 주석과 함께 읽는 수준 정도만 되어도 '읽는 만큼' 회사가 보일 것입니다.

5장

왜 부채와 자본에 주목해야 하는가?

01

부채는 '남의 돈'이다

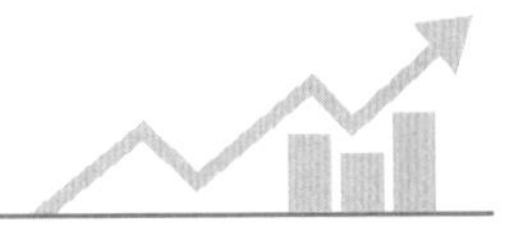

자본	부채
내 돈	남의 돈
주주	채권자
배당	이자
경영권	청구권
투자금	원금

부채로 레버리지 효과를 낼 수 있다

부채는 '남의 돈'이라서 회사가 많이 보유하면 위험하기도 하지만 어떤 사업이냐에 따라서 '레버리지 효과'를 낼 수 있습니다. 레버리지 효과는 조달한 자금의 이자만 주는 부채를 통해 사업의 수익을 독점할 수 있는 것을 뜻합니다. 기업의 재무 상태(자산)를 조성하기 위해서는 자금이 필요한데 그 자금의 출처 중 하나가 부채입니다. 그런데 '부채' 만들기는 다른 자금에 비해 다양한 경로와 방법을 갖고 있습니다. 부채와 자본을 비교함으로써 부채에 대한 이해를 돕고자 합니다.

우선 자본은 돈을 대는 주체를 회사의 '주주'라고 칭합니다. 주식회사의 투자자는 지분을 받고, 주주로서의 권리를 행사할 수 있습니다. 주주는 회사의 이익에 대해 배당을 받고, 일정 지분 비중이 높아지면 '경영권'을 요구할 수 있습니다. 자금을 투입한 투자자이면서 회사에 대한 책임도 같이 져야 합니다. 타인의 투자금이라도 '회사의 돈'이라 할 수 있고, 주주로서 권리를 누리는 동시에 경영 활동 결과에 대한 책임을 나눠지기 때문입니다.

이에 반해 부채는 채권자로서 약속된 이자를 받으며, 빌려준 돈인 '원금'을 청구할 수 있는 권리를 가집니다. 회사에 자금을 조달해 주고 이자와 배당을 받는다는 점에서 채권자와 주주가 비슷하나, 회사가 파산 상황이 되면 입장이 달라집니다. 회사에 대한 책임을 지는 주주는 경영 악화도 함께 감당해야 합니다. 회사가 청산될 때 채권자는 원금을 받을 수 있으나, 만약 잔여 재산이 없다면 투자자는 투자금을 돌려받을 수 없습니다.

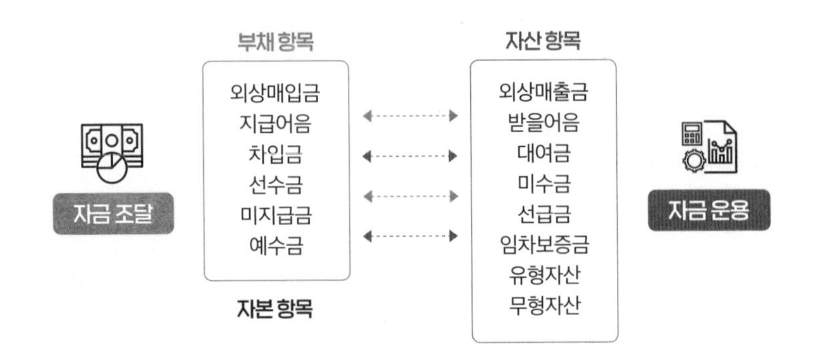

회사는 사업을 도모하기 위해 자금이 필요합니다. 부채는 넓은 의미에서 보면 남에게 빌려 오는 모든 것을 통칭합니다. 거래처를 통해서 사 온 원재료 외상값, 은행으로부터 빌린 차입금, 서비스를 받았지만 아직 지불하지 않은 대금, 심지어 회사 건물에 세 들어 사는 임대인의 임차보증금 등이 모두 갚아야 할 빚인 부채입니다.

좁은 의미에서 보면 그중에서 사업을 확장하거나 경영 활동을 위해서 직접적으로 사용하는 '차입금'을 부채라고 합니다. 회사는 사업의 결과(성과)를 확신할 수 있다면 필요한 자금을 대규모 자금 차입을 통해서 조달합니다. 투자보다는 부채를 선택해 레버리지 효과를 얻을 수 있기 때문입니다. 약속된 이자 외의 이익분을 모두 회사의 몫으로 돌릴 수 있습니다. 그래서 가끔 일시적으로 부채비율이 높아지는 경우는 기업의 자신감이 그 이유일 수 있습니다.

매입채무는 영업용 부채다

부채비율을 따질 때 기본적으로 부채총계÷자본총계를 이용합니다. 부채의 구성은 차입금 외에 외상매입금이 높고, 실질적인 부채(차입금)가 적을 수 있습니다. 줄 돈이긴 한데 거래처에 줘야 할 외상매입금, 회사가 거래처(고객)에게 미리 돈을 받고 서비스 제공을 빚지고 있는 부채(선수금)는 부채비율을 점검할 때 제외하는 게 더 부채라는 실질에 가깝습니다.

부채를 만만히 보아서는 안 됩니다. 금호타이어의 부채는 2018년 기준 2.8조 원이었습니다. 당시 부채비율은 198%(부채 2.8조 원 ÷ 자본 1.4조 원)였고, 금호타이어는 여러 가지 재무건전성 회복을

● DART 금호타이어 2020 연결감사보고서 ●

본문 •본문선택•
첨부 2019.04.01 연결감사보고서

문서목차
감 사 보 고 서
독립된 감사인의 감사보고서
(첨부)연 결 재 무 제 표
주석
외부감사 실시내용

본 문서는 최종문서가 아니므로 투자판단시 유의하시기 바랍니다.

2. 단기차입금	5,16,17	456,924,884,317		673,485,350,895	
3. 유동성장기차입금	5,16,17	134,582,893,611		878,286,823,795	
4. 기타지급채무	5,15,33	246,427,509,834		380,212,735,153	
5. 기타유동부채	18	30,561,455,668		41,266,220,047	
6. 판매보증충당부채	31	7,549,794,671		-	
7. 당기법인세부채		222,856,348		2,752,066,217	
II. 비유동부채			1,646,952,196,937		1,179,568,046,522
1. 장기차입금	5,16,17	1,344,729,576,269		852,431,055,224	
2. 퇴직급여부채	20	135,342,226,010		160,324,572,570	
3. 장기종업원급여부채	20	26,101,393,245		25,638,957,079	
4. 판매보증충당부채	31	15,260,231,795		25,623,268,864	
5. 기타비유동부채	18	2,719,546,399		3,504,030,409	
6. 소송충당부채	21,34	122,799,223,219		112,046,162,376	
부채총계			2,801,762,799,654		3,509,513,972,046
자본					
지배기업의 소유주지분			1,412,973,876,128		954,538,740,447
I. 자본금	1,22		1,436,301,435,000		789,965,790,000
II. 자본잉여금	22		227,652,016,316		246,692,976,952
III. 기타자본	22		(19,538,444,447)		(19,538,444,447)
IV. 기타포괄손익누계액	22		9,418,441,229		4,787,276,028
V. 이익잉여금			(240,859,571,970)		(67,368,858,086)
비지배지분			-		36,870,832,734
자본총계			1,412,973,876,128		991,409,573,181
부채와자본총계			4,214,736,675,782		4,500,923,545,227

위해서 노력을 전개했습니다.

하지만 부채는 무거운 추와 같아 업계 상황이 안 좋을 때는 회사의 경영을 어렵게 만듭니다. 이겨 낼 수 없는 부채는 회사의 주인을 바꾸는 비극적 결과를 낳습니다. 부채비율이 높았던 금호타이어를 중국 자본인 싱웨이코리아가 인수했습니다.

2022년 반기 기준 매출액이 1.6조 원이고, 영업이익이 23억 원이지만 부채비율은 더 늘어 268%입니다. 금호타이어가 여전히 힘든 상황이라는 것을 확인할 수 있습니다. 모든 것을 설명할 수는 없지만 과한 부채는 어깨 위에 놓인 만성피로와 비슷합니다. 달리기 힘들게 만들고, 쉽게 병들게 합니다.

좀 더 구체적으로 부채비율에서 제외할 수 있는 빚을 살펴보겠습니다. 영업을 위해서 반드시 빌려야 할 빚이 있습니다. 외상매입과 지급어음의 합계를 보통 '매입채무'라고 합니다. 이는 기업의 실질 부채를 고려할 때 포함하지 않아도 됩니다. 일반적인 기업의 상거래 중에 재화와 용역 등을 외상으로 구매하면서 발생하는 유동부채입니다.

재무상태표 부채 항목을 보면 '미지급금'과 '미지급비용'이라는 항목이 있습니다. 자산 항목에도 '매출채권' 외에 '미수금'이라는 계정이 있습니다. 본연의 사업과 관련성에 따라 받을 돈 계정을 나누어 놓은 것입니다. '미지급금'은 일반적인 상거래 외에 거래에서 발생한 일시적 채무이고, '미지급비용'은 발생한 비용인데 아직 지급되지 않은 비용입니다.

● DART 하이브 2018 감사보고서 ●

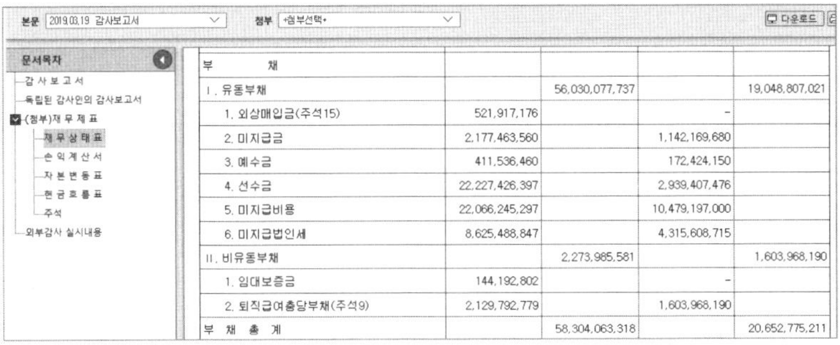

본문 2019.03.19 감사보고서 첨부 +첨부선택+ 다운로드

문서목차
- 감 사 보 고 서
- 독립된 감사인의 감사보고서
- (첨부)재 무 제 표
  - 재 무 상 태 표
  - 손 익 계 산 서
  - 자 본 변 동 표
  - 현 금 흐 름 표
  - 주석
- 외부감사 실시내용

부 채				
Ⅰ. 유동부채		56,030,077,737		19,048,807,021
1. 외상매입금(주석15)	521,917,176		-	
2. 미지급금	2,177,463,560		1,142,169,680	
3. 예수금	411,536,460		172,424,150	
4. 선수금	22,227,426,397		2,939,407,476	
5. 미지급비용	22,066,245,297		10,479,197,000	
6. 미지급법인세	8,625,488,847		4,315,608,715	
Ⅱ. 비유동부채		2,273,985,581		1,603,968,190
1. 임대보증금	144,192,802		-	
2. 퇴직급여충당부채(주석9)	2,129,792,779		1,603,968,190	
부 채 총 계		58,304,063,318		20,652,775,211

이런 부채 항목은 본연의 사업과 관련성에 따라 '매입채무'와 구별해 놓은 계정에 불과합니다. 예를 들면 '미지급비용'은 일정한 계약에 따라서 회사가 서비스를 이용하면 생기는 빚에 대한 계정입니다. 어떤 사안으로 회사가 소송을 하는데 법무법인과 장기계약으로 일을 진행했습니다. 아직 소송이 끝나지는 않았고, 최종 결심이 나면 잔금을 치르기로 했습니다. 그렇다면 확정된 빚이니 '미지급비용'으로 재무제표에 달아 둡니다. 특별한 사연이 있을 것 같지만 실제 재무제표에서는 이런 부류의 부채는 크기가 크지 않습니다. 아무래도 큰 빚은 은행과의 관계에서 발생합니다.

차입금이 진짜 빚이다

은행에서 빌려 온 '차입금'은 보통 갚아야 할 기간에 따라 '단기차입금'과 '장기차입금'으로 나눕니다. 장기, 단기는 유동, 비유동과 비슷합니다. 빨리 갚아야 할지 말지를 나타내는 것이라면 회사의 입장에서는 어떤 쪽이 더 유리할까요? 당연히 장기차입금입니다. 장기차입금이 많다는 이야기는 회사의 신용도가 높다는 뜻이 될 수 있습니다. 빌려주는 은행 입장에서는 회사의 건전성을 살피고 자금을 조달해 줍니다. 신용도라고 하는데 단기, 장기, 이자율 3가지만 봐도 회사를 평가하는 은행의 시각을 엿볼 수 있습니다.

차입금은 그 금액의 크기를 주로 봐야 합니다. 기업이 어떤 용도로 얼마의 빚을 지고 있는지 파악하는 데 숫자가 중요성을 말해 줄 때가 있습니다. 예를 들어 CJ ENM의 단기차입금 6,927억 원과 장

● DART CJ ENM 2018 사업보고서: 재무상태표 ●

본문 2019.04.04 [정정] 사업보고서 　 첨부 +첨부선택+

문서목차
- 【 대표이사 등의 확인 】
- 사 업 보 고 서
- 【 대표이사 등의 확인 】
- I. 회사의 개요
  - 1. 회사의 개요
  - 2. 회사의 연혁
  - 3. 자본금 변동사항
  - 4. 주식의 총수 등
  - 5. 의결권 현황
  - 6. 배당에 관한 사항 등
- II. 사업의 내용
- III. 재무에 관한 사항
  - 1. 요약재무정보
  - 2. 연결재무제표
  - 3. 연결재무제표 주석
  - 4. 재무제표
  - 5. 재무제표 주석
  - 6. 기타 재무에 관한 사항
- IV. 이사의 경영진단 및 분석의견
- V. 감사인의 감사의견 등
- VI. 이사회 등 회사의 기관에 관한
  - 1. 이사회에 관한 사항
  - 2. 감사제도에 관한 사항
  - 3. 주주의 의결권 행사에 관한
- VII. 주주에 관한 사항
- VIII. 임원 및 직원 등에 관한 사항
  - 1. 임원 및 직원의 현황
  - 2. 임원의 보수 등

부채			
유동부채	2,021,789,390,842	731,532,024,426	1,017,274,895,867
매입채무	186,176,276,880	36,008,385,733	40,020,778,118
미지급금	350,157,545,069	180,232,867,502	191,756,338,003
유동계약부채	19,435,930,729	0	0
단기차입금	692,770,813,690	21,770,742,742	157,000,000,000
유동성장기차입금	966,666,664	1,991,620,000	168,152,416,913
유동성사채	199,906,571,590	149,920,810,112	99,975,017,567
당기법인세부채	19,896,174,542	31,605,743,095	21,315,167,855
충당부채	1,467,575,103	2,735,975,486	5,217,606,603
이연수익	0	3,151,914,959	1,906,677,333
기타유동금융부채	328,513,269,325	200,837,869,409	254,662,523,995
기타유동부채	222,498,567,250	103,276,095,388	77,268,369,480
비유동부채	1,307,510,563,637	586,182,329,825	373,429,983,628
장기차입금	270,493,341,274	0	1,991,620,000
사채	762,276,506,740	511,049,810,304	299,505,586,025
순확정급여부채	82,168,815,028	14,213,753,307	16,048,022,535
이연법인세부채	163,996,527,367	51,602,961,678	54,050,635,585
비유동계약부채	1,895,772,366	0	0
기타비유동금융부채	18,620,014,925	9,315,804,536	1,834,119,483
기타비유동부채	5,842,199,387	0	0
비유동충당부채	2,217,386,550	0	0
부채총계	3,329,299,954,479	1,317,714,354,251	1,390,704,879,495

기차입금 2,704억 원은 CJ ENM이 가진 부채 중에서 은행과의 관계를 감안해야 할 빚입니다. 장기보다는 단기가 많으니 자금 운용이 잘 이루어져야 하는 것입니다.

산업 환경과 회사의 수익은 차입금 현황이 조이는 상황인지 아닌지를 더 궁금하게 만듭니다. 빚의 크기와 종류를 재무제표에서 읽으면 회사가 이를 어떻게 해결할지에 관심을 가지면 좋습니다.

빌릴 수 있는 차입금의 한도는 회사의 신용도에 의해서 결정됩니다. 회사가 제공할 수 있는 담보와 은행이 판단하는 지급여력이 기준이 될 것입니다. 부채로 조달된 자금은 또 다른 부채로 대환(대신 갚는 것)을 통해 연장될 수 있습니다.

재무제표를 통해 차입금의 현황을 파악한다면 반드시 빼놓지 않아야 할 사항은 금융비용입니다. 회사에 부담이 되지 않는 차입금인지 아닌지를 판단할 수 있는 가장 현실적인 숫자입니다. 금융비용의 주석에는 이자, 금융자산손실 등이 표시됩니다. 차입금으로

● DART 대한전선 2018 사업보고서: 주석 32.2 금융비용 ●

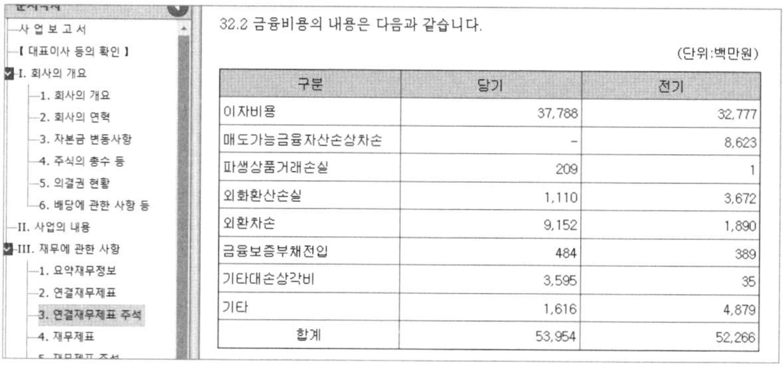

32.2 금융비용의 내용은 다음과 같습니다.

(단위:백만원)

구분	당기	전기
이자비용	37,788	32,777
매도가능금융자산손상차손	-	8,623
파생상품거래손실	209	1
외화환산손실	1,110	3,672
외환차손	9,152	1,890
금융보증부채전입	484	389
기타대손상각비	3,595	35
기타	1,616	4,879
합계	53,954	52,266

발생하는 연간 은행이자를 곧바로 확인할 수 있습니다.

1년 동안 발생하는 이자와 영업이익과의 비율을 내는 지표가 있습니다. 이자보상비율 또는 이자보상비율이라고 불리는데 기업이 부채에 대한 이자를 지급할 수 있는 능력을 판단하는 지표입니다. 그런데 다르게 표현하면 "벌어서 이자는 갚을 수 있어?"라는 질문에 대한 답입니다. 금융비용 항목을 체크하면 차입금에 대한 기업의 실질적 부담감을 비로 느낄 수 있습니다.

좀 까다롭게 따져 보면 기업이 은행이자를 얼마큼뿐만 아니라 얼마의 이율로 내고 있는지도 계산해 볼 수 있습니다. 대개 차입금의 주석에는 해당 은행과 이율까지 표기합니다. 이자율은 굳이 신용도까지 보지 않더라도 회사의 상황을 판단하는 지표가 될 수 있습니다. 남들은 다 4%대 이자를 쓰고 있는데 혼자 7%대 이자를 쓰고 있다면 그만큼 은행이 믿지 못한다는 뜻입니다. 차입금과 관련해 재

재무제표 읽기 아이디어

부채비율로 건전성을 나타내지만, 실제로 회사가 진 빚은 얼마까지 안심할 수 있을까요? 손익계산서에서 앞으로의 수입을 고려하지 않는다면 차입금-현금(유동성 금융자산)이 당기순이익보다 적으면 걱정해야 할 것입니다. 대략의 숫자를 계산해 보고 회사가 '자유롭게 쓸 수 있는' 현금을 알아 두어도 좋습니다. 투자든 배당이든 언제든 마음만 먹으면 쓸 수 있는 돈 말입니다.

무제표를 읽을 때는 반드시 '금융원가', '금융비용' 주석의 '이자'를 체크하는 것이 좋습니다.

어떤 식으로 빚을 지고 있는가

회사의 위태성을 감안할 때는 빚의 '크기'가 중요합니다. 그렇지만 회사의 입장에서 자금을 조달할 때는 더 많이, 오래 그리고 가장 '저리'의 부채를 선택해야 경영 활동에 이롭습니다. 큰 기업에 자금팀이 따로 있는 이유는 가장 효과적으로 빠르고 수월하게 자금 조달을 진행하기 위해서입니다.

그런데 은행으로부터의 차입에는 크기에 제한이 있습니다. 게다가 자금 조달이 반드시 은행만을 통할 필요는 없습니다. 명동사채

● DART 한국전력공사 2018 사업보고서: 주석 26 차입금과 사채 ●

문서목차
- 사 업 보 고 서
- 【 대표이사 등의 확인 】
- I. 회사의 개요
  - 1. 회사의 개요
  - 2. 회사의 연혁
  - 3. 자본금 변동사항
  - 4. 주식의 총수 등
  - 5. 의결권 현황
  - 6. 배당에 관한 사항 등
- II. 사업의 내용
- III. 재무에 관한 사항
  - 1. 요약재무정보
  - 2. 연결재무제표
  - 3. 연결재무제표 주석
  - 4. 재무제표
  - 5. 재무제표 주석
  - 6. 기타 재무에 관한 사항
- IV. 이사의 경영진단 및 분석의견
- V. 감사인의 감사의견 등
- VI. 이사회 등 회사의 기관에 관한
  - 1. 이사회에 관한 사항
  - 2. 감사제도에 관한 사항
  - 3. 주주의 의결권 행사에 관한
- VII. 주주에 관한 사항

(6) 당기말과 전기말 현재 외화사채의 내역은 다음과 같습니다.

① 제 58(당) 기말

(원화단위: 백만원, 외화단위: 천USD, 천CHF, 천AUD 등)

종류	발행일	만기일	금리	연이자율(%)	통화	외화금액	원화금액
FY-96	1996.04.01~1996.12.06	2026.12.01~2096.04.01	고정	6.00~8.37	USD	249,071	278,488
FY-97	1997.01.31~1997.08.04	2027.02.01~2027.08.01	고정	6.75~7.00	USD	314,717	351,885
FY-04	2004.04.23	2034.04.23	고정	5.13	USD	286,920	320,805
FY-11	2011.07.13	2021.07.13	고정	4.75	USD	500,000	559,050
FY-12	2012.09.19	2022.09.19	고정	3.00	USD	750,000	838,575
FY-13	2013.09.26~2013.10.23	2019.03.26~2019.04.23	고정	1.50~1.63	CHF	400,000	454,488
FY-13	2013.09.25	2020.09.25	고정	5.75	AUD	325,000	256,038
FY-14	2014.02.11~2014.12.02	2019.02.11~2029.07.30	고정	2.38~3.57	USD	1,500,000	1,677,150
FY-15	2015.06.15	2025.06.15	고정	3.25	USD	300,000	335,430
FY-16	2016.01.21	2021.07.21	고정	2.50	USD	300,000	335,430
FY-17	2017.04.12~2017.07.25	2020.04.12~2027.07.25	고정	2.38~3.13	USD	1,100,000	1,229,910
FY-17	2017.10.30	2037.10.30	고정	1.70	EUR	40,000	51,166
FY-17	2017.11.16	2037.11.16	고정	2.36	SEK	450,000	56,061
FY-18	2018.01.29~2018.07.25	2021.01.29~2023.07.25	고정	3.00~3.88	USD	1,800,000	2,012,580
FY-18	2018.03.13	2028.03.13	고정	3.35	HKD	1,650,000	235,571
외화사채 합계							8,992,627

시장과 같은 비금융권을 말하는 것이 아니라 회사에게 돈을 빌려주려는 각종 기관(보험사, 일반 기업 등)이 있습니다. 그리고 회사는 자신의 신용으로 채권을 발행할 수 있습니다. 이를 '회사채' 또는 '사채'라고 부릅니다.

개념이 중요한 것이 아니라 부채 항목에 있는 '사채'를 발행하는 이유를 알아야 합니다. 굳이 은행을 통하지 않으며, 회사의 이름으로 자금을 조달하고 이자와 원금을 갚는 회사채는 어떤 회사가 사용할 수 있을까요? 그렇습니다. 당연히 규모가 있고 믿을 수 있는 대기업이 주로 회사채라는 부채를 이용할 수 있습니다.

회사에 대한 신뢰도가 높으면 높을수록 회사채에 대한 기간과 이율이 낮아집니다. 망하지 않은 회사에서 안정적으로 이자와 원금 회수를 기대하기 때문입니다. 한국전력공사는 대주주가 정부입니다. 정부가 보증하는 셈이니 한국전력공사가 발행한 사채에는 심지어 기간이 100년인 것도 있습니다. 1996~2096년에 고정금리 6%를 약속한 사채입니다.

지금으로는 상상할 수도 없는 조건입니다만 아마도 발행했을 당시 조건이 이러해야만 자금을 빌려줬을 상황일 것으로 추측됩니다. 일명 100년채죠. 실제로 100년 동안 가지고 있을 수 있는 채권입니다. 채권은 여러 가지 변형이 가능합니다.

사채를 발행하는 기업이 차입 기간, 이율, 발행 규모 등 조건을 조금만 바꿔도 회사채 투자자의 관심이 달라집니다. 투자는 이익을 위한 행위인데 회사채를 발행하는 회사만을 위해 자금을 대지는 않습니다.

회사채를 발행하는 경우에는 회사가 은행 차입보다 더 큰 대규모의 자금이 필요하거나, 은행 차입이 어려운 상황일 수 있습니다. 그렇다면 채권을 사 줄 이들에게 흥미로운 조건을 더 걸어야 합니다. 바로 특수부채라고 불리는 부채입니다. 회사채이긴 한데 뭔가 더 추가된 옵션을 넣은 사채입니다. 대표적인 특수부채가 '전환사채' 입니다.

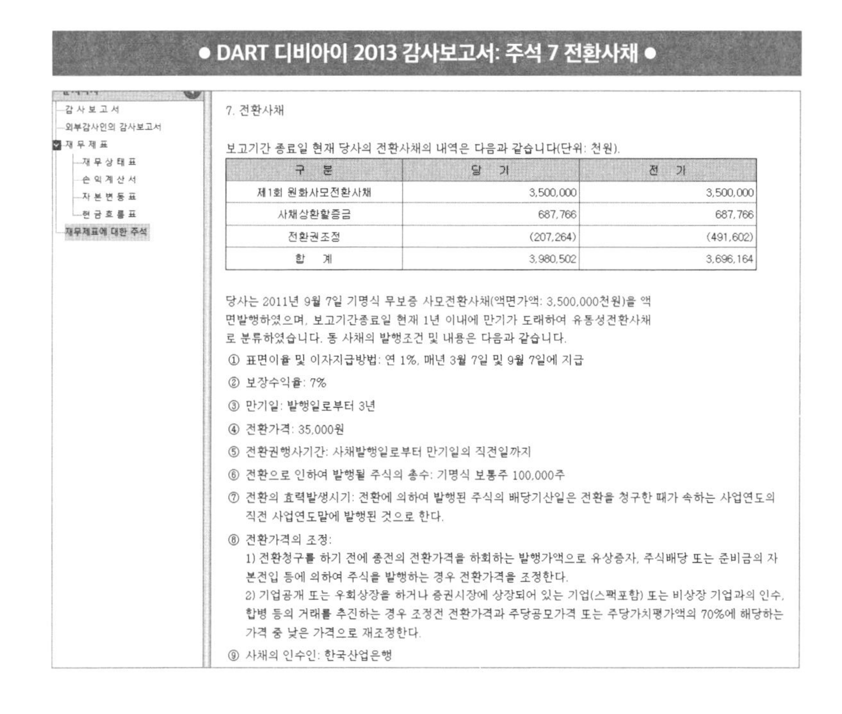

● DART 디비아이 2013 감사보고서: 주석 7 전환사채 ●

감사보고서
외부감사인의 감사보고서
재무제표
재무상태표
손익계산서
자본변동표
현금흐름표
재무제표에 대한 주석

7. 전환사채

보고기간 종료일 현재 당사의 전환사채의 내역은 다음과 같습니다(단위: 천원).

구 분	당 기	전 기
제1회 원화사모전환사채	3,500,000	3,500,000
사채상환할증금	687,766	687,766
전환권조정	(207,264)	(491,602)
합 계	3,980,502	3,696,164

당사는 2011년 9월 7일 기명식 무보증 사모전환사채(액면가액: 3,500,000천원)을 액면발행하였으며, 보고기간종료일 현재 1년 이내에 만기가 도래하여 유동성전환사채로 분류하였습니다. 동 사채의 발행조건 및 내용은 다음과 같습니다.

① 표면이율 및 이자지급방법: 연 1%, 매년 3월 7일 및 9월 7일에 지급

② 보장수익율: 7%

③ 만기일: 발행일로부터 3년

④ 전환가격: 35,000원

⑤ 전환권행사기간: 사채발행일로부터 만기일의 직전일까지

⑥ 전환으로 인하여 발행될 주식의 총수: 기명식 보통주 100,000주

⑦ 전환의 효력발생시기: 전환에 의하여 발행된 주식의 배당기산일은 전환을 청구한 때가 속하는 사업연도의 직전 사업연도말에 발행된 것으로 한다.

⑧ 전환가격의 조정:
1) 전환청구를 하기 전에 종전의 전환가격을 하회하는 발행가액으로 유상증자, 주식배당 또는 준비금의 자본전입 등에 의하여 주식을 발행하는 경우 전환가격을 조정한다.
2) 기업공개 또는 우회상장을 하거나 증권시장에 상장되어 있는 기업(스팩포함) 또는 비상장 기업과의 인수, 합병 등의 거래를 추진하는 경우 조정전 전환가격과 주당공모가격 또는 주당가치평가액의 70%에 해당하는 가격 중 낮은 가격으로 재조정한다.

⑨ 사채의 인수인: 한국산업은행

특수부채는 조건이 달린다

전환사채는 채권이긴 한데 주식으로 나중에 바꿀 수 있는 사채입니다. 부가적으로 '신주인수권부사채'는 사채인데 나중에 주식이 발행되면 '사채를 사 준 너에게 우리 회사 신주를 인수할 수 있는 권리'를 준다는 조건입니다.

전환사채와 신주인수권부사채를 완벽하게 이해하는 것은 어렵습니다. 각 케이스마다 특수부채를 발행하는 회사와 특수부채를 산 사람의 계약 관계가 다르기 때문입니다. 특수부채는 공시를 통해서 회차, 운영자금 금액, 자금 용도 등을 공개합니다. 그러나 그 이면

● DART 골든센츄리 2023. 3. 7. 주요사항보고서 공시 ●

정 정 신 고 (보고)
주요사항보고서 / 거래소 신고의무 사
전환사채권 발행결정

전환사채권 발행결정

1. 사채의 종류		회차	4	종류	무기명식 이권부 무보증 사모 전환사채
2. 사채의 권면(전자등록)총액 (원)		20,000,000,000			
2-1. 정관상 잔여 발행한도 (원)		115,000,000,000			
2-2. (해외발행)	권면(전자등록)총액(통화단위)	-	-		
	기준환율등	-			
	발행지역	-			
	해외상장시 시장의 명칭	-			
3. 자금조달의 목적	시설자금 (원)	-			
	영업양수자금 (원)	-			
	운영자금 (원)	2,000,000,000			
	채무상환자금 (원)	-			
	타법인 증권 취득자금 (원)	-			
	기타자금 (원)	18,000,000,000			
4. 사채의 이율	표면이자율 (%)	3.0			
	만기이자율 (%)	5.0			
5. 사채만기일		2026.03.21			
6. 이자지급방법		본 사채의 이자는 발행일로부터 원금 상환기일 전일까지 미상환 사채 원금 전부에 대하여 매 3개월마다 표면금리를 적용하여 계산한 금액의 1/4에 해당하는 금액을 후지급하며, 이자지급기일은 다음과 같다. 다만, 이자지급기일이 영업일이 아닌 경우에는 그 다음 영업일에 지급하되, 이자지급기일 이후의 이자는 계산하지 아니한다. 세부내용은 "21. 기타 투자판단에 참고할 사항"을 참고하시기 바랍니다.			

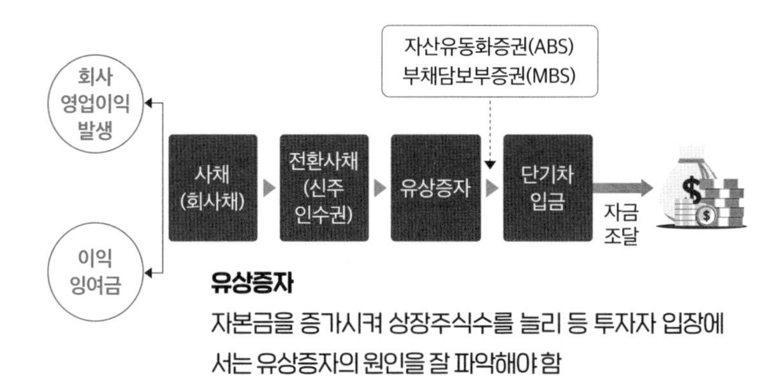

유상증자
자본금을 증가시켜 상장주식수를 늘리 등 투자자 입장에서는 유상증자의 원인을 잘 파악해야 함

까지 찾아보기는 힘듭니다. 재무제표를 읽으려면 특수부채는 2종이 있고, 관련 사항은 공시를 통해 나온다는 '위치' 정도만 먼저 익혀 둘 필요가 있습니다.

이미 결정되고 발행되는 '전환사채' 공시에는 회차, 운영자금 표면이자, 자금조달목적 등이 나옵니다. 나중에 재무제표를 보는 게 재미있어지면 회사가 왜 이런 식으로 자금을 조달하려는지 이유가 더 중요하다는 걸 깨닫게 됩니다. 즉 자금을 조달하는 방법이 알려주는 회사의 상황에 집중할 필요가 있습니다.

자금 조달로 회사 상황을 파악할 수 있다

만약 회사가 자금을 조달할 때 유리함을 따져 순서를 매긴다면 어떤 돈이 가장 손쉬울까요? 정답은 없습니다. 회사 상황과 빌려주는 사람의 조건에 따라 다를 것입니다. 사채, 특수사채, 자산의 유동화, 은행차입, 유상증자 등 다양한 방법이 있습니다.

자본조달 방식을 순서의 개념으로 나열하면 그 돈(부채 또는 투자)이 회사를 설명해 주는 힌트가 될 수 있습니다. 지금 회사가 얼마나 다급한 상태로 자금을 조달하려는지 엿볼 수 있습니다.

빚은 크기도 중요하지만 언제 갚아야 할지 시점이 매우 중요합니다. 기업이 겪는 유동성의 위기는 '들어올 돈'과 '나갈 돈'의 시차를 맞추지 못했을 때 발생합니다. 산업 경기가 좋고, 회사 경영 활동이 활발할 때는 자금 조달이 원활할 수밖에 없습니다. 그렇지만 반대의 경우에는 채권자 우위의 상황에서 필요한 자금을 수혈하려는 노력을 합니다.

가장 좋은 방법은 내가 번 돈을 사용하는 것입니다. '내 돈, 내 산' 하면 눈치 볼 일이 없습니다. 영업이익과 당기순이익의 활용입니다. 그렇지만 사업을 어떻게 늘 번 돈만으로 꾸릴 수 있겠습니까? 사업을 좀 더 키울 기회가 오면 대규모 자금이 필요합니다.

부채의 첫 번째 신댁지는 회사 신용도로 스스로 회사채를 발행하는 것입니다. 은행에서 차입하는 것과 비슷한 이율로 '사채'를 찍어 자본시장에 내놓습니다. 회사 신용도가 높으면 사채 금액의 규모를 키울 수 있습니다. 어떨 때는 사채 발행 규모가 그 회사의 재무건전성 지표가 됩니다. 그만큼 회사가 현재 우량하다는 의미입니다.

그런데 아직 그 정도 수준이 아닌 회사는 자본시장에서 신뢰성을 갖추지 못했으니 좀 더 채권자에게 유리한 조건을 덧붙입니다. 그렇지 않으면 시중 금리 이상의 고금리를 줘야 빌려준다고 하기 때문입니다. 회사로서는 부담스럽습니다. 이익률이 이자로 다 나간다면 굳이 돈을 빌려서 사업할 이유가 없으니까요.

그래서 회사는 자본시장에 다음과 같은 의도를 가지고 차선으로 특수부채를 발행합니다.

'이 사업으로 상장하고, 신사업이 잘되면 회사의 주식가치는 엄청나게 올라갑니다. 그러니 후에 주식으로 바꿀 수도 있는 우리 회사 전환사채를 사 주세요. 대신 이자는 1~2%로 낮춥시다.'

빌려주는 투자자는 다음과 같이 생각합니다.

'약간 저리로 이자를 받는 게 손해 같지만 혹시 나중에 이 회사의 가치가 상승한다면 좋은 선택이 될 수 있다.', 'IPO를 통해 기업 지분을 싸게 살 수 있고, 향후 주가 차액까지 노릴 수 있는 기회다.', '이도 저도 아니면 그냥 원금하고 이자만 챙겨도 된다.'

양쪽의 입장이 조율되면 전환사채 또는 신주인수권부사채 거래가 성사됩니다. 사채와 특수부채 2종만 놓고 봐도 사채보다 전환사채를 발행한다는 얘기는 회사의 신용도나 상황이 더 안 좋다는 의미가 될 수 있습니다. 투자자나 회사를 살피는 이해관계자에게 신호를 줄 수 있지요.

전환사채는 주식 시장에 상장된 코스닥 기업들이 많이 발행합니다. 이미 상장되어 있으므로 조건을 걸기가 더 쉽고, 한편으로 그만큼 자금 조달이 어려운 작은 기업이 많기 때문입니다. 전환사채 발행에 성공한 기업들은 마치 굉장히 좋은 조건으로 유리하게 돈을 빌렸다고, 앞으로 우리 회사의 성장을 믿는 투자자가 이렇게 많다고 대대적으로 홍보하기도 합니다. 그러나 실제로는 채권자에게 유리한 조건을 제시해야만 자금 조달이 가능한 한계 기업일 수도 있으니 주의해야 합니다.

비슷하게 회사의 상황에 따라 판단해야 할 자금 조달이 유상증자입니다. 유상증자는 회사가 기존 주주 또는 투자자를 대상으로 자금을 요청하는 방식입니다. 이것을 전환사채보다 더 안 좋다고 보는 이유는 투자자의 자금을 회수할 수 없는 잠재적 조건이 포함되기 때문입니다. 유상증자는 주주로부터 투자를 받는 과정입니다.

나쁜 경우를 가정한다면 유상증자는 회사가 "주주 여러분, 제가 지금 자금이 부족해요. 여러분의 운명을 같이 걸어 주시죠."라고 애원하는 겁니다. 유상증자를 통해서 "주주 여러분이 우리 회사의 주식을 받을 수 있는 권리를 드릴게요."라고 말하지만 만약에 그 사업이 잘 안되면 회사가 청산될 때 1순위 채권자부터 2순위, 3순위 채권자에게 권리를 다 준 뒤 제일 끝으로 투자자에게 권리가 갑니다. 주주로 자금 조달에 참여하는 것은 회사와 약속하는 것입니다. 회사의 자본가로서 배당받고 주주총회에서 의견을 개진할 수 있습니다. 그래서 회사의 사업이 망한 것도 같이 책임지게 되는 것입니다.

그래서 어떻게 보면 유상증자는 전환사채보다 자금을 조달할 때 회사 입장에 조금 더 유리한 조건이라고 볼 수 있습니다.

재무제표를 읽는 관점에서는 회사가 어떤 방식의 자금 조달을 많이 하는지, 가장 최근에 발생한 자금 조달은 무엇인지를 확인해야 합니다. 그리고 회사 재무상태표의 부채 항목에 얼마큼의 크기로 기재되어 있는지를 살펴봐야 합니다.

어떤 회사의 재무 상태를 보면 사채, 전환사채, 유상증자, 단기차입금 등 회사가 할 수 있는 모든 방법을 다 동원한 경우도 있습니다. '온갖 방법을 통해 자금을 짜냈구나. 그 돈으로 뭐 했을까?'를 추적해야 합니다. 물론 정말 큰 성공을 확신하고 대규모 자금이 필요해서 진행한 것일 수도 있습니다.

재무제표 읽기 아이디어

부채에 관해 '부외자금'이 문제가 되는 경우가 있습니다. 장부 외에 적어 둔 부채를 말합니다. 간혹 자금을 빼돌린 회사는 해외 종속회사에 대여금을 보내고 해당 회사를 망가뜨려 사회적인 문제를 일으킵니다. 자산 항목의 경우 무형자산이 자산가치가 있는가, 없는가가 쟁점이 될 수 있습니다.
그런데 부채는 숫자에 대해 이견이 있을 수 없습니다. 왜냐하면 재무상태표의 부채 항목에 기록할 때 상대성이 발생하기 때문입니다. 빚을 진 회사도 있지만 빚을 준 상대편이 있기 때문입니다. 내 마음대로 기록하지 못합니다. 상대편의 기록과 동일해야 하기 때문에 부채는 기록이 명확합니다.
자산은 얼마짜리로 기록해 놓고 뻥튀기할 수 있지만 부채는 그럴 수가 없습니다. 그래서 부채는 규모보다 갚아야 할 순서가 어느 게 더 많은지를 파악하는 것이 더 중요합니다.

02

자본은 다 '내 돈'이다

투자받은 주주의 투자금도 '내 돈'이다

자본 항목은 크게 보면 회사가 얼마의 사업초기금을 갖고 시작했는지, 지금은 얼마큼 가졌는지를 보여 줍니다. '자본금(최초) + 자본잉여금 + 이익잉여금 = 자본총계'로 단순화할 수 있습니다. 중간에 나오는 자본잉여금은 그동안 회사가 투자받은 자금을 의미합니다.

주식발행초과금 등이 자본잉여금의 하위 계정입니다. 자본 항목은 각각 항목으로 회사가 자유롭게 사용할 수 있는 '내 돈'이 어떤 구성으로 이루어졌는지 알려 줍니다. 자본잉여금이 투자라면 이익잉여금은 회사가 스스로 벌어서 재투자한 당기순이익의 사내유보 누적액을 의미합니다.

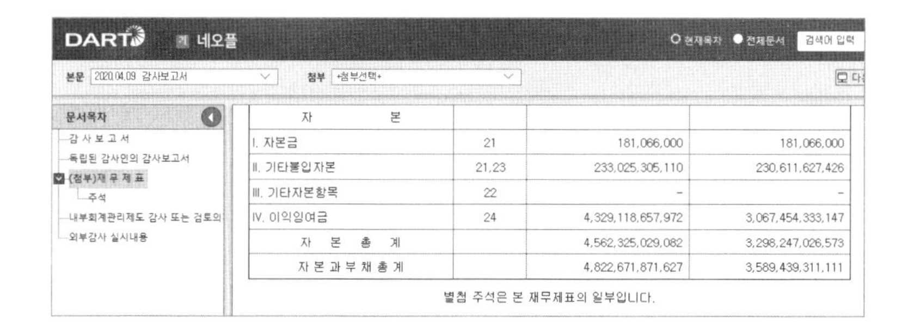

자 본			
I. 자본금	21	181,066,000	181,066,000
II. 기타불입자본	21,23	233,025,305,110	230,611,627,426
III. 기타자본항목	22	-	-
IV. 이익잉여금	24	4,329,118,657,972	3,067,454,333,147
자 본 총 계		4,562,325,029,082	3,298,247,026,573
자 본 과 부 채 총 계		4,822,671,871,627	3,589,439,311,111

별첨 주석은 본 재무제표의 일부입니다.

자본 항목의 총계를 다 '내 돈'이라고 보는 이유는 투자받은 주주의 투자금도 회사의 자본금과 동일하게 책임을 지기 때문입니다. 자본 항목을 보고 기술을 한다면 이런 식의 표현이 가능합니다.

"○○(자본총계) 이것이 다 내 돈이다. 처음에 '납입자본금'만큼 가지고 시작했고, 투자를 얼마큼 받았고(자본잉여금), 지금까지 내가 벌어들인 돈(이익잉여금)이 이만큼이다!"

그러면 아주 명확히 느껴지는 사실이 있습니다. 10~20년 된 회사

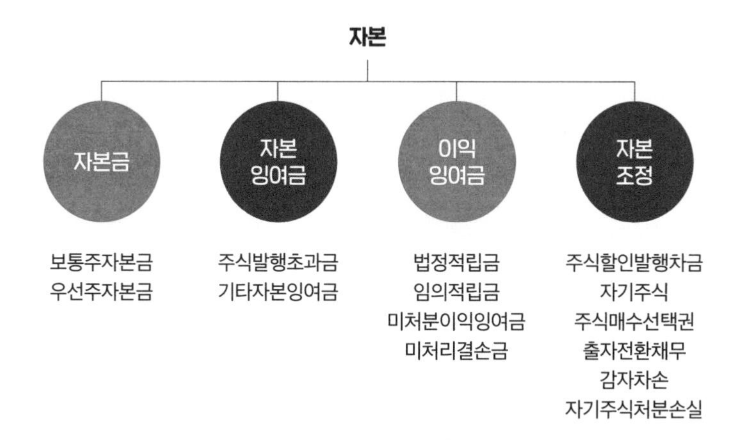

도 있고, 더 오래된 회사도 있습니다. 회사 연혁이 길면 회사에 대한 기대치가 생깁니다. 그동안 성적이 좋았기에 오랜 세월을 견디어 냈을 거라고 생각됩니다. 그런데 긴 역사를 가진 회사가 결손이거나 자본잉여금만 많다면 다른 해석을 추가할 수 있습니다. 회사의 특징 역시 이런 곳에서 드러날 수 있습니다.

자본 구성이 바뀌는 회사는 주의해야 한다

재무상태표 자본 항목에는 사내유보와 자본조정 등 회사가 자본을 조달해 온 방식이 흔적으로 남습니다. 자본 항목을 읽을 때는 주식회사들이 자본 구성을 바꾸는 과정에 대한 이해가 필요합니다. 어떠한 목적에 따라 주식수를 늘리거나 줄이는 일이 발생합니다. 자본잉여금 항목과 더불어 자본조정이라는 것이 자본 항목에 반영됩니다.

정상적인 기업은 자본이 성장하는 게 순차적으로 자연스럽게 커집니다. 이익잉여금을 통해서 또는 새로운 투자자의 증가로 말입니다. 그런데 급격히 자본 구성이 바뀌는 회사는 주의 깊게 재무제표를 읽어 봐야 합니다. 스타트업 등 사업 초기에는 투자자가 많으므로 피치 못할 자본조정이 많을 수 있습니다.

그런데 어느 정도 사업을 진행한 회사가 상황이 안 좋아져서 자본 구성을 바꿀 때가 있습니다. 예를 들어 건설사는 부채비율이 높으면 건설업 면허를 제한당하기도 합니다. 그럴 경우 있는 빚을 없애기도 힘들고, 신규 자본을 조달하기도 어려우니 자본을 조정합니다.

임의로 자본 구성을 변경하기 위해서 증자나 감자를 합니다. 회계적인 수치만 조정하거나, 유상증자와 유상감자를 진행할 수도 있습니다. 여러 가지 방법이 있는데 이런 기술적인 방법을 정확히 알지 않더라도 자본 항목의 변화를 주의해야 합니다. 재무제표 수치를 읽어서 변화를 일으키는 이유를 탐색해야 합니다.

증자와 감자를 하는 이유

회사가 어떤 의도를 가지고 행동을 했다는 걸 파악하는 관점으로 재무제표를 보면 좋습니다. 왜 유상증자를 진행하는지, 갑자기 무상증자를 하면서 '주주환원'이라고 하지만 진짜로 그 결과가 주주들을 위한 것인지 살펴봐야 합니다.

증자는 회사의 자본금을 늘리는 것으로 신주를 발행해 주식수를 증가시키는 행위입니다. 유상증자는 현금을 받고 새로운 주식을 팔고, 무상증자는 신주에 대한 대금을 받지 않습니다. 주식수가 늘어난다는 점과 회사에 새로운 자본금이 들어오기에 이는 재무상태표의 자본 항목에 기록되어야 합니다.

늘어나는 숫자와 변화는 실제 금액과 차이가 있습니다. 발행 주식이 액면가 500원짜리인데 이를 1만 원에 팔기도 하고, 반대로 더

● DART 크로넥스 2019. 6. 28. 주요사항보고 공시 ●

문서목차
주요사항보고서
무상증자 결정

무상증자 결정

1. 신주의 종류와 수	보통주식 (주)	2,087,500
	기타주식 (주)	898,820
2. 1주당 액면가액 (원)		500
3. 증자전 발행주식총수	보통주식 (주)	1,043,750
	기타주식 (주)	449,410
4. 신주배정기준일		2019년 07월 15일
5. 1주당 신주배정 주식수	보통주식 (주)	2
	기타주식 (주)	2
6. 신주의 배당기산일		2019년 01월 01일
7. 신주권교부예정일		2019년 07월 30일
8. 신주의 상장 예정일		2019년 07월 31일
9. 이사회결의일(결정일)		2019년 06월 28일
- 사외이사 참석여부	참석(명)	1
	불참(명)	0
- 감사(감사위원)참석 여부		참석

10. 기타 투자판단에 참고할 사항
++
① 신주배정 : 2019년 07월 15일 현재 주주명부에 등재된 주주에 대하여 소유주식 1주당 2주의 비율로 신주를 배정함.
② 신주발행 주식수 : 2,986,320주.
③ 자본에 전입할 재원과 금액 : 주식발행초과금 1,493,160,000원.

적게 또는 무상 매각을 선택하기 때문입니다.

유상증자의 반대로 감자를 할 수 있습니다. 발행한 주식을 줄이는 행위입니다. 자사주 소각을 많이 들어 봤을 것입니다. 주식수가 줄어들면 남은 주식의 가치가 증가해 그만큼 회사가치가 높아지는 것으로 보이기도 합니다. 하지만 보통의 경우 감자는 드문 일입니다. 기본적으로 회사가 성장한다는 것은 자본 투자자의 증가를 의미합니다.

감자는 기존 투자자가 투자금을 회수하기 위해서 유상으로 진행하거나, 대주주가 소액주주를 내보내서 100% 지분을 만들 때 발생

● DART 진로발효 2019. 7. 4. 주요사항보고 공시 ●

문서목차
- 정 정 신 고 (보고)
- 주요사항보고서 / 거래소 신고의무
- 감자 결정

감자 결정

1. 감자주식의 종류와 수	보통주식 (주)	902,880	
	기타주식 (주)	-	
2. 1주당 액면가액 (원)		500	
3. 감자전후 자본금		감자전 (원)	감자후 (원)
		3,984,450,000	3,533,010,000
4. 감자전후 발행주식수	구 분	감자전 (주)	감자후 (주)
	보통주식(주)	7,524,000	6,621,120
	기타주식(주)	-	-
5. 감자비율	보통주식 (%)	12.00	
	기타주식 (%)	-	
6. 감자기준일		2019년 08월 26일	
7. 감자방법		- 총발행주식총수(7,524,000주)에 대해 감자비율 12% 적용 1) 자기주식의 12% : 무상감자 2) 자기주식을 제외한 발행주식수의 12% : 유상감자 3) 유상소각대금 : 1주당 29,350원 4) 유상소각대금 지급 예정일 : 2019년 9월 9일	
8. 감자사유		자본금 규모의 적정화 및 주주가치 제고	

합니다. 그 밖에는 회사가 경영 상태가 좋지 않아 모든 주주가 고통 분담을 하는 무상감자가 오히려 더 많이 알려져 있습니다. 감자를 할 수밖에 없는 기업이 화젯거리가 되기 때문입니다.

재무제표 읽기 아이디어

재무제표 읽기가 정말 도움이 되는지 의심스러울 수 있습니다. 그저 몇 개의 숫자만 읽는 것으로 회사의 디테일을 다 파악할 수는 없습니다. 하지만 숫자를 빨리 읽고 재무제표(재무상태표, 손익계산서, 현금흐름표)를 한눈에 볼 수 있다면 20~30분 안에 객관적으로 한 회사의 상태를 정확히 확인할 수 있습니다. 재무제표 읽기로 기본적인 확신을 갖는 게 매우 중요합니다. 그다음에 다른 정보(블로그, 유튜브 등)를 보면 이해도 빠를뿐더러 정보의 신뢰성을 확인할 수 있습니다.

하이브의 재무상태표와 주석 읽기

● DART 하이브 2022 3Q 분기보고서: 재무상태표 ●

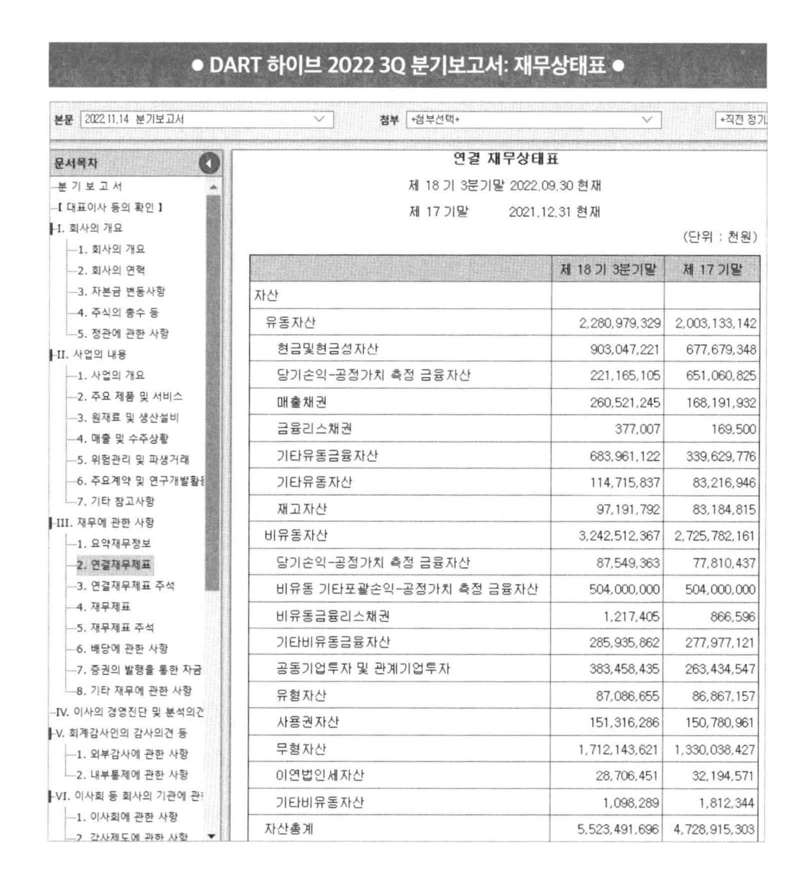

연결 재무상태표

제 18 기 3분기말 2022.09.30 현재

제 17 기말 2021.12.31 현재

(단위 : 천원)

	제 18 기 3분기말	제 17 기말
자산		
유동자산	2,280,979,329	2,003,133,142
현금및현금성자산	903,047,221	677,679,348
당기손익-공정가치 측정 금융자산	221,165,105	651,060,825
매출채권	260,521,245	168,191,932
금융리스채권	377,007	169,500
기타유동금융자산	683,961,122	339,629,776
기타유동자산	114,715,837	83,216,946
재고자산	97,191,792	83,184,815
비유동자산	3,242,512,367	2,725,782,161
당기손익-공정가치 측정 금융자산	87,549,363	77,810,437
비유동 기타포괄손익-공정가치 측정 금융자산	504,000,000	504,000,000
비유동금융리스채권	1,217,405	866,596
기타비유동금융자산	285,935,862	277,977,121
공동기업투자 및 관계기업투자	383,458,435	263,434,547
유형자산	87,086,655	86,867,157
사용권자산	151,316,286	150,780,961
무형자산	1,712,143,621	1,330,038,427
이연법인세자산	28,706,451	32,194,571
기타비유동자산	1,098,289	1,812,344
자산총계	5,523,491,696	4,728,915,303

하이브의 주요 자산 항목과 분포

(주)하이브의 2022년 3분기 기준 연결재무제표 자산총계는 5조 5,234억 원입니다. 현금화하기 쉬운 자산의 분포가 높습니다. 현금및현금성자산 9,030억 원 + 당기손익-공정가치 측정 금융자산 2,211억 원 + 기타유동금융자산 6,839억 원 등 유동자산 쪽에만 약 1.8조 원입니다. 여기에 비유동 부문의 8,000억 원을 합치면 (주)하이브의 자산 중 절반이 현금과 금융자산입니다. BTS를 보유한 엔터테인먼트 회사인데 의외로 자금 여력이 풍부합니다.

- 부채비율과 진짜 빚 그리고 자본 구성

부채는 약 2조 원으로 전환사채 3,419억 원 외에는 크게 빚 걱정은 할 필요가 없어 보입니다. 장·단기차입금이 있으나 보유한 현금보다 적습니다. 자본총계는 3.5조 원입니다. 자본 항목 중에 자본잉여금이 2.4조 원이나 됩니다. 하이브의 가치에 투자를 한 주주가 많은 것 같습니다. 5.5조 원(자산) = 2조 원(부채) + 3.5조 원(자본) 회계등식으로 (주)하이브를 나타내면 다음과 같습니다.

"하이브의 팔 수 있는 자산은 5.5조 원인데 이를 남의 돈 1.9조 원과 내 돈 3.5조 원으로 만들었습니다. 그런데 특히 투자자의 2.4조 원으로 현재 자산 중 절반이 현금과 금융자산입니다."

하이브의 유동성 위기는 고려 대상이 아닙니다. 부채 중에 진짜 빚인 장·단기차입금이 1,200억 원 + 3,936억 원인데 사실 돈도 많은 엔터 관련 기업이 저렇게 차입금을 많이 보유할 필요가 있나 싶습니다. 여하튼 5.5조 원의 규모에 비하면 적습니다.

- 그 외 재무상태표 관련 주요 주석

재무제표의 숫자를 좀 더 이해하고 싶으면 해당 항목의 '주석'을 찾아봐야 합니다. (주)하이브에서는 크기가 좀 큰 '무형자산' 1.7조 원을 파악해 보겠습니다. 세부 항목에는 '기타의무형자산' 3,330억 원, 소속 아티스트와의 전속계약금 관련 숫자와 영업권이 1.4조 원을 확인할 수 있습니다. 반드시 확인해야 할 대표 '주석' 3가지 역시 참고삼아 열어 보겠습니다.

회사의 개요에서 (주)하이브와 연결된 회사는 음악제작 및 연예인매니지먼트 대행업이 주된 사업이라는 걸 알 수 있습니다. 최대 주주는 방시혁 씨고 넷마블, 두나무, 국민연금공단이 꽤 많은 지분을 투자하고 있습니다. 이들과의 관계가 우호적이라고 판단해야 합니다.

● DART 하이브 2022 3Q 분기보고서: 주석1 연결회사의 개요 ●

3. 연결재무제표 주석

제18기 3 분기 2022년 1월 1일부터 2022년 9월 30일까지

제17기 3 분기 2021년 1월 1일부터 2021년 9월 30일까지

주식회사 하이브와 그 종속기업

1. 연결회사의 개요

주식회사 하이브(이하 '당사')는 음악제작 및 연예인매니지먼트 대행업을 목적으로 2005년 2월 1일에 설립되었으며, 본사는 서울특별시 용산구 한강대로 42에 소재하고 있습니다. 당사는 2021년 7월 2일자로 레이블 사업부문을 물적분할 방식으로 분할하여 주식회사 빅히트뮤직을 설립하고, 공연기획업 등을 영위하는 주식회사 하이브 쓰리식스티 및 도소매, 라이선스업 등을 영위하는 하이브 아이피를 합병하였습니다.

(1) 주요 주주현황

주주명	당분기말		전기말	
	보통주식수(주)	지분율(%)	보통주식수(주)	지분율(%)
방시혁	13,151,394	31.8	13,151,394	31.
넷마블 주식회사	7,530,813	18.2	7,530,813	18.
두나무 주식회사	2,302,570	5.6	2,302,570	5.
국민연금공단	2,744,232	6.6	3,128,554	7.
기타주주	15,624,378	37.8	15,240,056	36.
합 계	41,353,387	100.0	41,353,387	100.

어떤 종속회사를 거느리고 있는지 역시 중요합니다. HYBE 미국이 약 1.3조 원의 자산을 가진 주된 종속회사입니다. (주)빅히트뮤직은 자산은 그보다 적지만 당기순이익 1,266억 원으로 회사의 캐시카우 역할을 해 주고 있습니다.

● DART 하이브 2022 3Q 분기보고서: 주석 1 (3) 주요 종속기업의 요약 재무 정보 ●

(3) 주요 종속기업의 요약 재무정보

① 당분기말 및 당분기

(단위:천원)

회사명	자산총액	부채총액	매출액	당기순손익	총포괄손익
HYBE America Inc.	1,292,026,296	227,741,692	55,543,527	(37,542,983)	146,839,429
Ithaca Holdings LLC(주1)	386,147,037	63,062,712	131,324,279	42,247,795	95,469,410
주식회사 위버스컴퍼니	571,747,550	89,451,098	221,183,009	7,789,978	(8,675,335)
주식회사 빅히트뮤직	397,081,820	138,809,318	433,722,573	126,636,558	126,636,558
HYBE JAPAN Inc.	421,522,327	336,984,840	242,778,018	35,361,341	34,034,905
주식회사 플레디스엔터테인먼트	109,211,051	54,146,715	105,804,466	13,309,684	13,309,684
Bighit Universal LLC	12,752,044	2,690	-	(2,411,959)	(38,199)
주식회사 쏘스뮤직	11,656,456	19,013,872	8,889,716	(4,969,505)	(4,969,505)
주식회사 어도어	15,211,400	2,930,108	9,974,525	(2,781,768)	(2,781,768)
주식회사 하이브에듀(주2)	-	-	997,569	(788,551)	(788,551)
주식회사 케이오지엔터테인먼트	14,740,723	10,831,876	3,822,322	(2,165,851)	(2,165,851)
주식회사 하이브인스티튜션	46,178	1,100	-	(1,689)	(1,689)
HYBE LABELS JAPAN Inc.	18,324,557	26,986,697	9,921,354	(15,041,381)	(15,363,640)
HYBE Holdings, Inc.	12,185,948	-	-	(1,485)	421,438
주식회사 하이브아이엠	49,298,237	40,470,586	24,329,902	(1,049,667)	(1,049,667)

마지막 핵심 주석은 '영업부문'입니다.

1.2조 원의 하이브 매출액을 레이블, 플랫폼, 솔루션으로 구분되어 있습니다. 구체적으로 알아 봐야 하지만 레이블 쪽의 이익기여도가 높습니다.

● DART 하이브 2022 3Q 분기보고서: 주석 32 영업부문정보 ●

32. 영업부문 정보

(1) 연결회사의 보고부문 구분에 대한 주요 내용은 다음과 같습니다.

경영진은 자원배분과 성과평가를 수행하는 이사회에서 검토 및 보고한 정보에 기초하여 영업부문을 결정하고 있습니다.

연결회사는 영업부문의 성과를 영업손익에 근거해서 평가하고 있으며, 이는 부문간 내부거래를 제외하고는 손익계산서에 보고된 내용과 차이가 없습니다.

(2) 당분기 부문별 손익은 다음과 같습니다.

(단위: 천원)

구 분	당분기			
	총부문 수익	부문간 수익 (주1)	외부고객으로 부터의 수익	영업이익 (손실)
레이블	704,235,972	(259,599,311)	444,636,661	157,073,529
플랫폼	276,726,536	(32,204,728)	244,521,808	(14,985,703)
솔루션	705,545,333	(152,012,824)	553,532,509	48,453,201
내부거래	(443,816,863)	443,816,863	-	(4,528,222)
합 계	1,242,690,978	-	1,242,690,978	186,012,805

지금까지 하이브의 '재무상태와 주석' 관련 체크해야 할 재무제표 읽기를 실행해 보았습니다. 2023년 3월경에 하이브는 SM엔터테인먼트 인수와 관련되어 세간의 관심을 끌었습니다. 다른 건 몰라도 재무제표 읽기를 통해 알 수 있는 점은 (주)하이브가 1.2조 원 정도 든다는 M&A 자금이 부족하지 않다는 걸 알 수 있습니다. 상대방이 누구인지에 따라 다르겠지만 하이브가 자금력이 부족하다면 전혀 다른 전략이 필요했을 것입니다.

포스코케미칼의 재무상태표와 주석 읽기

● DART 포스코케미칼 2022 3Q 분기보고서 ●

연결 재무상태표

제 52 기 3분기말 2022.09.30 현재

제 51 기말 2021.12.31 현재

(단위 : 원)

	제 52 기 3분기말	제 51 기말
자산		
유동자산	2,512,887,517,469	2,084,228,054,184
현금및현금성자산	331,865,697,569	72,279,983,706
기타유동금융자산	897,626,461,788	1,290,398,223,429
매출채권 및 기타유동채권	489,675,132,222	239,230,129,924
계약자산	14,513,998,940	5,288,348,919
재고자산	726,242,911,798	440,557,698,562
기타유동자산	52,545,047,759	36,453,996,164
당기법인세자산	418,267,393	19,673,480
비유동자산	2,374,206,246,148	1,838,252,249,714
유형자산	1,904,909,718,468	1,458,946,716,415
사용권자산	82,386,911,711	91,278,022,816
무형자산	32,348,091,464	34,035,389,993
종속기업, 관계기업 및 공동기업 투자	298,554,226,199	183,461,921,431
기타비유동금융자산	36,878,473,698	32,733,187,767
투자부동산	188,070,156	188,070,156
순확정급여자산	18,013,133,216	10,785,080,355
기타비유동자산	927,621,236	26,823,860,781
자산총계	4,887,093,763,617	3,922,480,303,898

포스코케미칼의 주요 자산 항목과 분포

2022년 3분기 기준 (주)포스코케미칼의 자산은 얼마입니까? 4조 8,870억 원입니다. 포스코케미칼을 당장 팔면 4조 8,000억 원 정도 된다고 회사는 재무제표를 통해 주장하고 있습니다. 재무상태표에서 포스코케미칼의 팔 수 있는 재산의 분포를 확인할 수 있습니다.

유동자산 즉 1년 안에 팔 수 있는 자산은 2조 5,128억 원입니다. 그중에 '현금및현금성자산' 즉 현금이 3,318억 원입니다. '기타유동금융자산' 즉 현금화가 손쉬운 금융자산은 8,976억 원입니다. 외상값과 비슷한 영업용 자산으로 아직 현금이 되지 못한 회전율을 봐야 할 '매출채권 및 기타유동채권'은 4,896억 원이 남아 있습니다.

'계약자산'은 뭘까요? 생소한 회계 용어는 포털에서 검색하면 다 나오니 굳이 외울 필요가 없습니다. 그런데 '계약자산' 금액이 145억 원밖에 안 됩니다. 약 4조 원짜리 회사에서 비중이 0.003%에 불과합니다. 그럼 '계약자산'은 그냥 건너뛰고 재무제표를 봐도 됩니다.

자산 항목은 무조건 팔 수 있는 것들의 합입니다. '재고자산'은 7,262억 원입니다. 포스코케미칼이 어떤 제품을 만드는 회사냐에 따라 '재고자산'의 내용이 달라집니다. 삼성전자의 재고자산은 핸드폰, 백색가전, 반도체가 될 수 있습니다. 포스코케미칼의 재고는 2차전지 원재료와 관련된 것입니다.

1년이 지나서야 팔 수 있는 '비유동자산'은 2조 3,742억 원입니다. 포스코케미칼이 빨리 팔 수 있는 '유동자산'이 많다는 사실을 바로 알 수 있습니다. 자산회전율이 빠른 회사는 매력적입니다. 비유동자산의 대표인 '유형자산'은 공장, 토지, 설비인데 1조 9,049억 원입니다. 약 4.8조 원 회사가 2조 원 가까이 '유형자산'이라면 아주 큰 공장과 거대한 설비가 장착된 회사라는 느낌이 듭니다. 보이는 고정자산과 달리 보이지 않는 '무형자산'은 323억 원입니다. '무형자산'에는 영업권, 개발비, 산업재산권 등이 있습니다.

'종속기업, 관계기업, 공동기업 투자'는 회사가 지분을 가진 기업들의 가치입니다. 지배력을 갖게 되면 종속기업이라고 하고, 지분이 20% 이상 되면 관계기업이라고 부릅니다. 회사가 모기업으로 얼마나 아래 회사에 투자하고 있는지 정도를 보여 줍니다. 포스코케미칼은 2,985억 원 정도를 투자하고 있습니다. 적지 않은 금액입니다.

재무상태표를 통해 회사가 어떤 자산, 부채, 자본을 가졌는지 한눈에 살펴볼 수 있습니다. 특히 분포를 알 수 있다는 게 중요합니다. 물론 한 회사만으로 파악하기는 힘들고 유관 산업, 경쟁사와 비교를 통해 차이를 알 수 있습니다.
포스코케미칼처럼 유형자산이 커야 하는 중후장대 산업이라면 어느 정도 유형자산을 보유해야 하는지가 회사의 중요한 능력이 될 수 있습니다. 그렇게 유지되는 회사들끼리는 비슷하게 클 것입니다.
그런데 되게 날렵하게 빨리빨리 움직여야 하는 회사들이 있습니다. 그런 회사는 '유형자산'이 중요하지 않고, '무형자산'이나 다른 '종속회사'의 투자가 더 의미 있을 수 있습니다. IT와 게임회사의 자산 대부분이 '유형자산'이라면 이상하지 않을까요?
어떠한 자산의 분포가 회사를 건강하게 보이게 하는지, 다르게 표현하면 회사의 재무 상태가 이상적인지는 재무상태표의 자산, 부채, 자본의 누적, 분포를 보고 판단할 수 있습니다.
재무상태표가 회사의 건강 상태를 알 수 있다면 그다음은 무엇이 궁금할까요? 회사가 작년에 얼마를 벌었는지, 돈은 얼마나 가졌는지를 알고 싶습니다. 이를 해결해 주는 것은 바로 손익계산서와 현금흐름표입니다.

6장

손익과 이익만 보지 말고 비용도 살펴보라

01

손익계산서에 익숙해지기

이익과 비용 파악하기(feat. 삼성전자)

삼성전자의 손익계산서를 보겠습니다. 재무상태표를 보는 방법과 순서가 같습니다. 먼저 형태에 익숙해지는 게 중요합니다. 손익계산서 제일 위에 기간과 기수 표기가 있습니다. '제54기 반기 2022. 01. 01.부터 2022. 06. 30까지' 기간은 쓰여 있는 그대로 손익계산서가 계산해 주는 시작과 끝 시점을 의미합니다. 삼성전자의 2022년 상반기 6개월을 알 수 있습니다. '기수'는 재무상태표 때 설명한 재무제표가 만들어진 순서입니다.

재무상태표가 누적된 자산의 '드나듦'이었다면 손익계산서는 단기간의 매출액과 이익, 비용의 '드나듦'을 계산한다는 점에서 차이

● DART 삼성전자 2022 반기보고서: 손익계산서 ●

문서목차

반 기 보 고 서
【 대표이사 등의 확인 】
I. 회사의 개요
1. 회사의 개요
2. 회사의 연혁
3. 자본금 변동사항
4. 주식의 총수 등
5. 정관에 관한 사항
II. 사업의 내용
1. 사업의 개요
2. 주요 제품 및 서비스
3. 원재료 및 생산설비
4. 매출 및 수주상황
5. 위험관리 및 파생거래
6. 주요계약 및 연구개발활동
7. 기타 참고사항
III. 재무에 관한 사항
1. 요약재무정보
2. 연결재무제표
3. 연결재무제표 주석
4. 재무제표
5. 재무제표 주석
6. 배당에 관한 사항
7. 증권의 발행을 통한 자금조

연결 손익계산서

제 54 기 반기 2022.01.01 부터 2022.06.30 까지

제 53 기 반기 2021.01.01 부터 2021.06.30 까지

(단위 : 백만원)

	제 54 기 반기		제 53 기 반기	
	3개월	누적	3개월	누적
수익(매출액)	77,203,607	154,985,105	63,671,585	129,060,088
매출원가	46,269,748	93,341,805	37,065,931	78,565,916
매출총이익	30,933,859	61,643,300	26,605,654	50,494,172
판매비와관리비	16,836,814	33,424,846	14,038,909	28,544,559
영업이익	14,097,045	28,218,454	12,566,745	21,949,613
기타수익	463,971	1,164,164	740,668	1,040,410
기타비용	600,393	1,053,503	876,896	1,201,136
지분법이익	259,229	491,706	187,487	335,006
금융수익	5,371,885	8,874,074	1,787,143	4,025,781
금융비용	5,130,979	8,164,297	1,522,717	3,516,599
법인세비용차감전순이익(손실)	14,460,758	29,530,598	12,882,430	22,633,075
법인세비용	3,361,953	7,107,165	3,247,944	5,856,904
계속영업이익(손실)	11,098,805	22,423,433	9,634,486	16,776,171
당기순이익(손실)	11,098,805	22,423,433	9,634,486	16,776,171

가 있습니다. 손익계산서는 제일 상단의 수익(매출액)부터 출발합니다. 영업수익과 매출액은 같은 의미입니다. 영업이익과 영업수익을 헷갈려하는 경우가 많은데 이는 다른 표현입니다.

손익계산서의 왼쪽 항목을 먼저 보겠습니다. 영업수익(매출액)은 회사가 판매하는 상품과 서비스의 총량입니다. 매출을 만들기 위한 원가, 즉 매출원가가 다음에 표기되어 있습니다. 그다음으로 매출총이익, 판매비와관리비 순으로 내려갑니다.

영업이익은 매출액에서 원가와 판매관리비를 빼면 나옵니다. 회사가 공식적으로 표명하는 경영 활동 외의 기타수익, 기타비용 역시 손익계산서에 표기되어 있습니다. 금융 관련 수익, 비용도 보입니다. 채권, 금융 쪽 이익이 있을 수 있고, 은행이자와 같은 비용도 발생할 것입니다.

하단에는 법인세, 세금이 있습니다. 손익계산서는 마지막 이익이라는 당기순이익이 나오기 위해서 제일 위 영업수익(매출액)부터 차례로 빼서 결과를 내는 형태입니다.

위에서부터 아래로 순차적으로 보여 주는 형식인데 삼성전자의 예로 다시 짚어 보겠습니다. 단위가 백만 원이고, 2022년 상반기 6개월간의 성과입니다. 삼성전자의 영업수익은 154조 9,851억 원입니다. 약 155조 원을 팔았습니다. 우선 영업이익만 먼저 보겠습니다. 영업이익은 28조 2,184억 원입니다. 그리고 마지막에 가져간 당기순이익은 22.4조 원입니다. 3개의 숫자를 읽으니 무엇이 느껴지나요? 얼마를 벌었고, 얼마를 팔았고, 얼마를 가져갔는지가 바로 나옵니다.

수익산식은 '수익-비용=이익'이다

손익계산서를 단순하게 표현하면 수익(매출액)에 비용을 빼서 이익을 나타내는 수익산식으로 표현할 수 있습니다. 즉 얼마를 팔기 위해서 얼마의 비용이 들었고 그래서 나에게 얼마의 이익을 가져다 주었는지를 나타내는 재무제표입니다.

보통 결산기의 손익계산서는 지난 1년의 기간을 기본 단위로 삼습니다. 직관적으로 표현하자면 '365일 회사의 손해와 이익을 담은 계산서'로 돋보이는 숫자가 매출액, 영업이익, 당기순이익입니다.

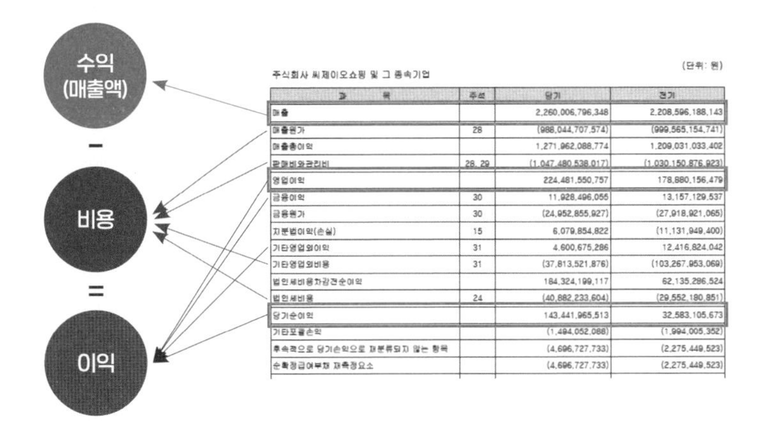

주식회사 씨제이오쇼핑 및 그 종속기업

(단위: 원)

과목	주석	당기	전기
매출		2,260,006,796,348	2,208,596,188,143
매출원가	28	(988,044,707,574)	(999,565,154,741)
매출총이익		1,271,962,088,774	1,209,031,033,402
판매비와관리비	28, 29	(1,047,480,538,017)	(1,030,150,876,923)
영업이익		224,481,550,757	178,880,156,479
금융이익	30	11,928,496,055	13,157,129,537
금융원가	30	(24,952,855,927)	(27,918,921,065)
지분법이익(손실)	15	6,079,854,822	(11,131,949,400)
기타영업외이익	31	4,600,675,286	12,416,824,042
기타영업외비용	31	(37,813,521,876)	(103,267,953,069)
법인세비용차감전순이익		184,324,199,117	62,135,286,524
법인세비용	24	(40,882,233,604)	(29,552,180,851)
당기순이익		143,441,965,513	32,583,105,673
기타포괄손익		(1,494,052,088)	(1,994,005,352)
후속적으로 당기손익으로 재분류되지 않는 항목		(4,696,727,733)	(2,275,449,523)
순확정급여부채 재측정요소		(4,696,727,733)	(2,275,449,523)

크게 나누자면 손익계산서는 이익과 비용으로 구분할 수 있습니다. 특히 곳곳에 녹아 있는 비용을 주의 깊게 살펴야 재무제표 읽기를 제대로 할 수 있습니다.

재무상태표의 숫자를 회사의 '자산과 분포' 누적으로 설명한다면 손익계산서의 숫자는 회사의 '성장과 이익의 질'을 바로 보여 줍니다. 우선 성장부터 설명하면 재무제표는 2개의 칼럼으로 직전년도와의 숫자를 비교하도록 형식을 갖추고 있습니다. 손익계산서는 경영 활동의 성과를 계산해 낼 뿐만 아니라 바로 직전의 매출, 이익, 비용의 성장을 확인할 수 있습니다.

손익계산서의 핵심은 '성장'이다

SK하이닉스의 손익계산서를 보면 손익계산서를 통해 '성장'을 확인하는 게 어떤 의미인지 이해가 빠를 것입니다. SK하이닉스 2019~21년 3년 치의 손익 관련 숫자가 표현된 손익계산서입니다. 매출액의 3년 치를 바로 확인할 수 있는데 2019년 SK하이닉스의 매출액은 거의 27조 원이었습니다. 그런데 2020년에는 약 32조 원, 2021년에는 약 43조 원이 되었습니다. 굳이 계산기를 두드리지 않아도 숫자의 가파른 증가를 확인할 수 있습니다. (2023년 3월 현재 SK하이닉스의 2022년 매출액은 44.6조 원으로 잠정공시되었습니다.)

매출액 하나만으로도 기업이 매년 어떻게 성장하고 있는지 발전

● DART SK하이닉스 2021 사업보고서: 손익계산서 ●

문서목차
- 사 업 보 고 서
- 【 대표이사 등의 확인 】
- I. 회사의 개요
  - 1. 회사의 개요
  - 2. 회사의 연혁
  - 3. 자본금 변동사항
  - 4. 주식의 총수 등
  - 5. 정관에 관한 사항
- II. 사업의 내용
  - 1. 사업의 개요
  - 2. 주요 제품 및 서비스
  - 3. 원재료 및 생산설비
  - 4. 매출 및 수주상황
  - 5. 위험관리 및 파생거래
  - 6. 주요계약 및 연구개발활동
  - 7. 기타 참고사항
- III. 재무에 관한 사항
  - 1. 요약재무정보
  - 2. 연결재무제표
  - 3. 연결재무제표 주석
  - 4. 재무제표
  - 5. 재무제표 주석
  - 6. 배당에 관한 사항

연결 포괄손익계산서

제 74 기 2021.01.01 부터 2021.12.31 까지

제 73 기 2020.01.01 부터 2020.12.31 까지

제 72 기 2019.01.01 부터 2019.12.31 까지

(단위 : 백만원)

	제 74 기	제 73 기	제 72 기
매출액	42,997,792	31,900,418	26,990,733
매출원가	24,045,600	21,089,789	18,818,814
매출총이익	18,952,192	10,810,629	8,171,919
판매비와관리비	6,541,852	5,798,005	5,452,740
영업이익	12,410,340	5,012,624	2,719,179
금융수익	2,377,516	3,327,905	1,247,640
금융비용	1,469,860	1,980,411	1,531,417
지분법투자 관련 손익	162,280	(36,279)	22,633
기타영업외수익	116,135	84,773	88,179
기타영업외비용	180,424	171,575	113,575
법인세비용차감전순이익	13,415,987	6,237,037	2,432,639
법인세비용	3,799,799	1,478,123	423,561
당기순이익	9,616,188	4,758,914	2,009,078

의 폭을 바로 볼 수 있습니다. 손익계산서의 가장 큰 특징입니다. 매출액은 회사가 '팔고 있는 상품과 서비스의 총량'입니다. 매출액이 늘어나는지 혹은 줄어드는지로 회사의 성장과 쇠퇴를 직관적으로 확인할 수 있는 재무제표가 바로 손익계산서입니다.

물론 숫자의 증가 총액 기준으로 성장을 단언할 수는 없습니다. 기업의 성장은 시장의 판단인 시가총액, 각종 재무비율, 시장점유율, 고객 만족도, 사원 만족도, 지속 가능성 등 다양한 지표가 고려됩니다. 하지만 이익과 매출액은 가장 우선시되는 성장의 결과 기준입니다.

손익계산서의 매출액, 이익 2가지만 가지고도 기업 성장의 방향성을 판단해 볼 수 있습니다. 매출액과 이익이 둘 다 증가한다면 기

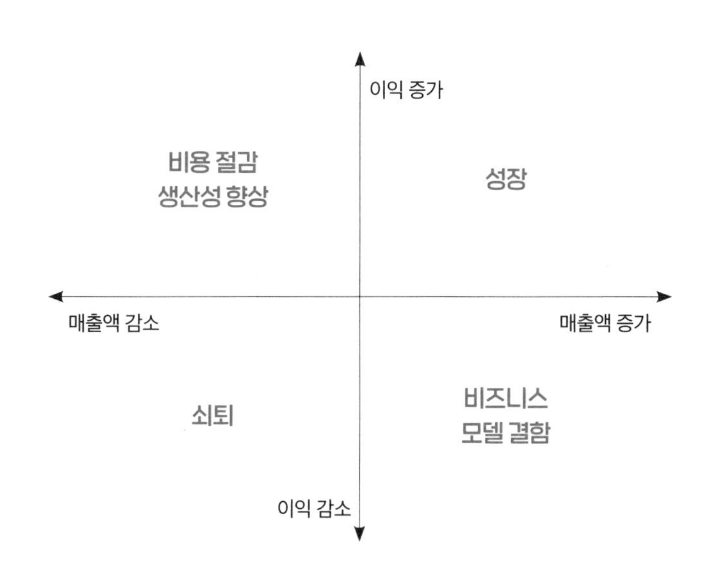

업은 성장하고 있습니다. 그런데 매출액은 증가했지만 이익이 줄어든다면 성장은 맞으나 비즈니스 모델의 '결함'을 점검해 봐야 합니다. 혹시 회사가 할인 행사나 저렴한 가격으로 제품을 판매하여 매출액만 높이는 것은 아닌지, 시장 파워가 약해지고 있는지 확인해야 합니다.

반대로 매출액은 늘지 않지만 이익은 증가하는 경우 역시 원인을 파악해야 합니다. 비용 절감을 이루거나 생산성 향상의 긍정적인 경영 활동의 결과라면 이 또한 질적 성장이라 부를 수 있습니다. 손익계산서 읽기를 통해 이익과 매출의 2가지 조합으로 기업 성장을 바로 엿볼 수 있습니다.

SK하이닉스 손익계산서를 보니 2019년 영업이익 2.7조 원 → 2020년 5조 원 → 2021년 12.4조 원으로 2배 이상씩 증가합니다. 숫자에 대한 감이 없더라도 매출액의 증가 변화와 함께 보면 얼마나 대단한 결과인지 느낄 수 있어야 합니다. 동일 기간 매출액은 26조 원 → 31조 원 → 42조 원씩 단계적으로 상승했습니다.

반도체 산업은 규모의 산업이라는 점도 숫자 6개만으로 해석해 볼 수 있습니다. '영업수익(매출액) = 비용 + 이익'입니다. 매출액의 상승폭보다 이익의 증가량이 많습니다. 어느 정도 이상의 매출액이 나오면 비용은 크게 늘지 않는다는 의미입니다. 손익계산서를 수익산식으로 다시 읽어 본다면 다른 표현으로 SK하이닉스를 풀어낼 수 있습니다.

"SK하이닉스 이익 12조 원은 매출액 42조 원을 올리는 동안 비용

30조 원을 쓴 결과이다."

이익이 지난해와 달리 확 늘었다면 뭘까요? 매출액이 그만큼 비례해 증가하지 않았다면 비용을 줄인 것입니다. 손익계산서는 회사가 얼마나 성장했고, 그 성장의 원인이 무엇인지 확인할 수 있는 재무제표입니다.

정수기 회사인 코웨이(주) 손익계산서를 살펴보겠습니다. 코웨이의 매출액은 3조 원 → 3.2조 원 → 3.6조 원으로 조금씩 늘긴 했는데 비슷한 수준을 유지하고 있습니다. 영업이익은 4,582억 원 → 6,064억 원 → 6,402억 원입니다. 2021년은 2020년과 비슷하지만 2019년부터는 이익이 더 많아졌습니다.

손익계산서를 1분만 읽어도 회사가 최근 3년간 어떤 성장을 해오고 있는지 해석할 수 있습니다. 그런데 그 성장이 어디서 이루어졌는지를 손익계산서 '구획'을 통해서 파악할 수 있습니다.

● DART 코웨이 2021 사업보고서: 연결 포괄손익계산서 ●

문서목차
정 정 신 고 (보고)
【 대표이사 등의 확인 】
사 업 보 고 서
【 대표이사 등의 확인 】
I. 회사의 개요
1. 회사의 개요
2. 회사의 연혁
3. 자본금 변동사항
4. 주식의 총수 등
5. 정관에 관한 사항
II. 사업의 내용
1. 사업의 개요
2. 주요 제품 및 서비스
3. 원재료 및 생산설비
4. 매출 및 수주상황
5. 위험관리 및 파생거래
6. 주요계약 및 연구개발활동
7. 기타 참고사항
III. 재무에 관한 사항
1. 요약재무정보
2. 연결재무제표
3. 연결재무제표 주석
4. 재무제표

연결 포괄손익계산서

제 33 기 2021.01.01 부터 2021.12.31 까지
제 32 기 2020.01.01 부터 2020.12.31 까지
제 31 기 2019.01.01 부터 2019.12.31 까지

(단위 : 원)

	제 33 기	제 32 기	제 31 기
매출액	3,664,259,556,788	3,237,411,475,094	3,018,912,502,707
매출원가	1,275,321,568,588	1,043,913,994,271	1,010,411,575,802
매출총이익	2,388,937,988,200	2,193,497,480,823	2,008,500,926,905
판매비와관리비	1,748,718,725,151	1,587,058,764,243	1,550,225,463,327
영업이익(손실)	640,219,263,049	606,438,716,580	458,275,463,578
기타수익	95,544,991,233	50,930,613,654	47,989,744,467
기타비용	55,651,335,577	96,994,906,816	34,218,846,210
금융수익	1,024,020,518	1,208,650,675	1,351,748,020
금융비용	17,876,238,186	21,203,992,027	21,979,551,633
관계기업투자손익	(4,708,286,833)		
법인세비용차감전순이익(손실)	658,552,414,204	540,379,082,066	451,418,558,222
법인세비용	193,066,319,111	135,668,222,416	119,210,881,686
당기순이익	465,486,095,093	404,710,859,650	332,207,676,536

영업 활동 (매출액 ~ 판매비와관리비)

영업 외 활동 (기타수익 ~ 관계기업투자손익)

손익계산서 영업이익 윗부분은 회사 본연의 사업에 관한 활동입니다. 코웨이 매출액부터 영업이익까지는 정수기 관련 사업에 대한 영업 활동입니다. 코웨이는 정수기를 팔고, 빌려주고, 관리하는 활동을 합니다. 손익계산서의 상단부는 영업 활동에 관련된 이익과 비용 숫자입니다. 그런데 코웨이도 영업 활동 외에 기타수익과 금융 관련 경영 활동을 할 수 있습니다. 자산을 팔 수 있고 주식 투자를 할 수 있습니다. 영업 외 활동은 '영업이익' 밑에 표시하고 있습니다.

기타수익(기타의 이익과 비용), 금융수익(금융의 이익과 비용)은 눈에 잘 안 들어오는 편입니다. 그러나 이 부분도 회사의 또 다른 능력치입니다. 손익계산서의 윗부분은 '영업 활동'에 대한 것들이고 아랫부분은 영업 외 활동에 관한 기업 성장을 나타냅니다.

02

손익계산서 구조 파악하기

5가지 이익(매출총이익, 영업이익, 영업외이익, 법인세비용차감전순이익, 당기순이익)과 비용

손익계산서는 영업 활동의 성장과 관련된 것입니다. 손익계산서를 흔히 '계산서'라고 말하는데 손익계산서 구조를 살펴보면 쉽게 이해할 수 있습니다.

매출액 다음으로 제일 처음 나오는 매출원가에서 첫 번째는 비용입니다. 매출액에서 매출원가를 빼면 매출총이익이 계산됩니다. 재무제표 읽기를 할 때는 더하기, 빼기, 곱하기, 나누기 즉 사칙연산 정도만 사용됩니다. 대표적인 예가 손익계산서입니다.

손익계산서 재무제표는 빼기의 연속입니다. '매출액-매출원가=

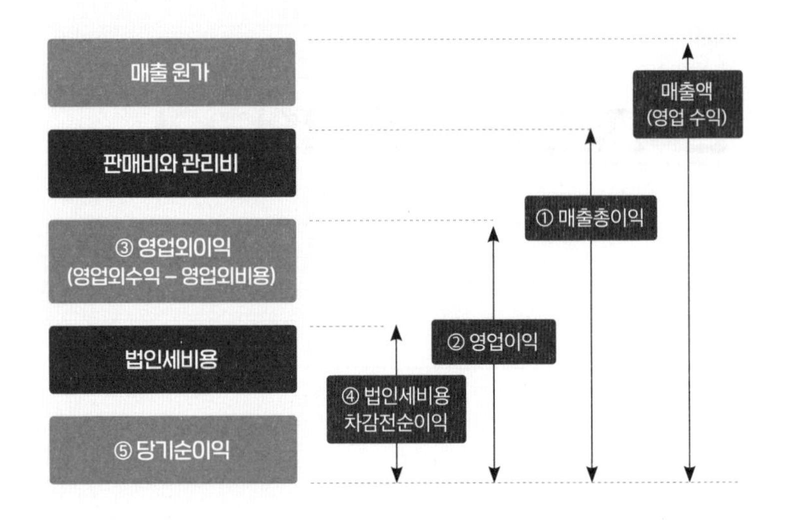

매출총이익'으로 첫 번째 이익이 계산됩니다. 다시 매출총이익에서 판매관리비, 두 번째 비용을 차감하면 '영업이익'이 계산됩니다. 영업이익에서 영업외수익을 가감하면 '법인세비용차감전순이익'이 남습니다. 법인세를 제하고 최종 당기순이익을 만날 수 있습니다. 각 단계마다 5개의 이익과 비용이 등장합니다.

손익계산서에서 매출총이익, 영업이익, 영업외이익, 법인세비용차감전순이익, 당기순이익이 어떻게 증가하는지 확인할 수 있습니다. 아울러 매출원가, 판매비와관리비, 영업외비용 2개(금융비용/기타비용), 법인세비용이 얼마나 사용되는지 따져 볼 수 있습니다.

재무제표 읽기 아이디어

'매출원가'는 매출액에서 가장 먼저 차감하는 것입니다. 매출원가율(매출원가÷매출액)은 경쟁사 또는 동종 업계 비교 때 가장 먼저 확인해 보아야 할 숫자입니다. 경영 환경이 동일할 때 원가경쟁력은 그 어떤 회사의 무기보다 강력합니다. 영업을 아무리 잘하더라도 가격을 조절할 수 있는 원가경쟁력이 있느냐와 없느냐는 전혀 다른 이야기입니다.

원가경쟁력이 높은 산업은 매출총이익이 높습니다. 회사의 비용을 경쟁사와 비교할 때, 반드시 매출원가율을 확인합니다. 한 번 상승한 매출원가는 다시 낮아지기 힘듭니다. 우리 회사냐 경쟁사냐에 따라 매출 관련 전략이 달라져야 합니다. 매출원가율이 주는 시사점이 많습니다.

손익계산서에 쓰이는 회계 용어들

다음은 손익계산서와 관련한 가상의 이야기입니다. H자동차의 1대 노조위원장이 임금협상할 즈음에 그룹 J회장과 독대를 요청했습니다. 그는 회장에게 재무제표 손익계산서를 펼쳐 보이며 이렇게 말했습니다.

"회장님, 저희 H자동차가 국민차라 불리는 P카를 만들고, 정말 잘 팔려서 '매출액'이 팍팍 증가했습니다. 더불어 소비자들이 P카 덕분에 마이카 시대를 앞당겼다고 H사 칭찬이 자자합니다. '매출액'은 회사가 판매한 모든 상품과 서비스의 총합입니다.

그런데 그것만 좋은 게 아니라 H차 공장에서 일하는 분들도 회장님께서 사업을 키우신 덕분에 채용도 많이 됐고, 차량 관련 원재료(철판, 기계부속) 관련 회사들의 매출도 증가했습니다. '매출원가' 상승은 있지만, 관련 종사자들의 임금과 협력 업체의 수입이 증가해 모두가 좋아합니다.

이번에 사옥도 짓고, CF 광고까지 하니 사무직 근무자들의 만족도 역시 좋아졌습니다. 마케팅 비용이 늘어난 만큼 영업 부서 인원 역시 증가했습니다. '판매비와관리비' 증가 원인입니다. 일시적이지만 적극적인 마케팅 비용 투자가 적중해 매출액 상승을 부른 게 아닌가 싶습니다.

더욱이 이익이 많이 나니 저희 H차가 많은 '법인세'로 나라에 기여하고 있습니다. 정부도 좋아합니다. 이렇게 모두가 행복해하는 이 시점에 회장님이 다 가져가는 당기순이익을 조금 줄이고, 저희 임금상승 제안을 수용해 주시면 좋겠습니다."

이 말을 잠자코 듣고 있던 J회장이 오랜 침묵 뒤에 입을 열었습니다.

"노조위원장, 잘 들었네. 올해는 긍정적으로 검토하겠네. 하지만 대주주인 내 입장 또한 자네도 이해해 줘야 하지 않을까? 그 손익계산서 이리 좀 줘 보게나. 맞아. 우리 회사의 역작 P카 덕분에 '매출'이 정말 많이 늘었지.

그런데 작년에 신차의 부품 고장에 대한 리콜 들어온 거 기억하나? 우리 회사가 손해를 보았지만 다 A/S 해 주었지. 아마 그게 '판매비와관리비'에 포함되었을 거야. 일시적이긴 하지만 우리가 책임져야지. 그 와중에 자네들이 파업을 몇 번이나 한 줄 아는가? '매출원가'에 늘어난 비용 중에 그때 고장 난 설비 수리비가 포함되어 있다네.

'판매비와관리비'를 보면 말야. 관리 파트에서 일하는 화이트컬러들은 내가 뭐 좀 새로운 사업 아이템을 내면 늘 '안 된다'는 보고서만 올리더군. 물론 영업이 잘될 때는 영업부 인원을 증가해야 하지. 그런데 경기가 안 좋을 때 늘어난 인건비 부담을 누군가는 안고 가야 하지 않겠나. '법인세'도 많이 내면 당연히 나라에 좋지. 그런데 환경세 등 규제는 우리 이익까지 영향을 줄 정도로 늘고 있다네.

이런 각종 비용과 모든 리스크를 대주주인 내가 책임을 지고 있네. 주주이익만을 주장하는 게 아니라네. 사내유보와 재투자 그리고 앞으로 벌어질 수 있는 리스크에 대한 책임을 다 진다는 것도 이해해 주게나."

손익계산서로 '이익의 질'을 파악할 수 있다

손익계산서에는 재무상태표에 비해 회계 용어가 많지 않습니다. '매출원가'에도 급여가 있고, '판매비와관리비'에도 급여 항목이 포함되어 있습니다. 각 단계는 경영 활동의 결과인 이익을 계산하기 위해 분배에서 차이가 있습니다. 공장을 운영하는 제조업일 경우는 공장 근무자의 임금은 생산원가, 즉 '매출원가'에 포함됩니다. 공장을 운영하기 위해서 필요한 근무자의 급여는 '원가'라고 볼 수 있지만, 인사·총무·경영 등 지원부서와 영업인력 등의 인건비는 조정이 가능합니다. 즉 일시적으로 강화하거나 줄일 수 있는 비용은 '판매비와관리비' 쪽이 되는 것입니다.

회계를 좀 더 공부하면 고정비와 변동비라는 개념을 배우게 됩니다. 중요한 점은 손익계산서는 성장과 더불어 '이익의 질'을 파악할 수 있는 재무제표라는 것입니다. 회사가 이익을 내는 것이 원가를 절감해서 매출총이익이 증가한 것인지, '판매비와관리비'를 줄여서 또는 마케팅 전략이 성공해 '매출액'이 늘었을지는 질적인 면에서 차이가 있습니다. 심지어 나머지는 다 같은데 그해 세금이 줄어서 최종 당기순이익이 증가할 수도 있습니다. 이익의 본질이 어느 부분인지 파악해 보는 게 손익계산서의 핵심입니다.

영업이익이 작년보다 100억 원에서 120억 원으로 늘었다고 20억 원, 매출액 20% 증가로 끝나면 손익계산서를 제대로 읽은 것이 아닙니다. 증가한 20억 원이 어디서 왔는지, 회사의 이익의 질이 어떻게 변했고, 시작했는지를 보는 게 가장 중요합니다.

본연의 사업에 관한 영업이익이 회사의 이익을 좌우합니다. 매출액, 매출원가, 판매비와관리비를 좀 더 자세히 볼 일이 많습니다. 중간쯤에 있는 '영업외이익'은 특이점이 보일 때 확인합니다. 회사가 금융수익이 있거나 금융비용이 커질 수 있습니다. 물론 기타수익과 기타비용 역시 마찬가지입니다. 그런데 이것들은 본업이 아닌 경우가 많아서 잘 발생하지 않습니다.

‘영업외손익’이 없다면 매출액이 2억 원을 초과하는 경우 보통 법인세율은 20%입니다. 100억 원의 영업이익이 있었으면 80억 당기순이익이 나와야 합니다. 그런데 이런 세금을 제한 당기순이익이 나오지 않으면 영업 외 사업에서 어떤 사건이 발생했다는 것을 알아채야 합니다.

03

이익의 변화 살펴보기

영업이익과 당기순이익(feat. 대한제분, 우아한형제들)

영업이익과 당기순이익의 차이가 큰 경우에는 손익계산서상의 '영업외손익' 부분을 좀 더 살펴봐야 합니다. 이익을 구성하는 것이 무엇인지, 영업 활동을 통해서 번 것이 아니라 기타 경영 활동으로 이룬 이익인지 등 원인을 알아야 합니다. 특별한 경우는 영업이익보다 당기순이익이 클 때입니다.

대한제분(주)는 1955년 설립되어 밀가루 관련 제품을 생산하는 회사로 2018년 영업이익 327억 원을 기록했습니다. 이때 당기순이익은 514억 원입니다. 영업 활동 외에 증가한 이익을 손익계산서를 통해 찾아보겠습니다. '기타영업외수익' 주석 27번에 설명을 나와

● DART 대한제분 2018 손익계산서 ●

보고서

연 결 포 괄 손 익 계 산 서

제 68 기 2018년 1월 1일부터 2018년 12월 31일까지

제 67 기 2017년 1월 1일부터 2017년 12월 31일까지

대한제분주식회사와 그 종속기업 (단위 : 원)

과 목	주석	제68(당)기	제67(전)기
I. 매출액	25	864,585,835,647	810,844,358,507
II. 매출원가	25	(690,125,162,596)	(643,507,608,242)
III. 매출총이익		174,460,673,051	167,336,750,265
IV. 판매비와관리비	25	(141,662,312,980)	(131,158,492,983)
V. 영업이익		32,798,360,071	36,178,257,282
VI. 영업외수익		59,061,053,342	24,470,735,025
금융수익	26	7,061,213,721	5,572,222,612
관계기업지분법이익		575,141,829	2,312,070,975
기타영업외수익	27	51,424,697,792	16,586,441,438
VII. 영업외비용		(16,945,027,316)	(7,521,650,289)
금융비용	26	(1,700,286,660)	(3,728,894,895)
관계기업지분법손실		(1,679,853,318)	(111,722,859)
기타영업외비용	27	(13,564,887,338)	(3,681,032,535)
VIII. 법인세비용차감전순이익		74,914,386,097	53,127,342,018
법인세비용	29	(23,441,730,293)	(2,078,993,977)
IX. 당기순이익		51,472,655,804	51,048,348,041

있습니다. 매각예정비유동자산의 처분이익으로 441억 원이 발생한 것을 확인할 수 있습니다. 숫자가 꽤 큰 편입니다.

관련 사항을 추가로 조사해 보면 공장 부지를 팔았다는 걸 알 수 있습니다. 단지 당기순이익을 늘리기 위한 자산처분은 아닐 것입니다. 여러 가지 해석을 해 볼 수 있는데 '사업의 경쟁력에 무관한 투자부동산을 팔아서 일시적인 현금을 증가시킨 것인가?', '기존 사업이 증가하지 않으니 핵심 자산을 정리한 것인가?' 등 다양한 추측이 나올 수 있습니다.

그런데 이런 분석 이전에 그냥 '당기순이익 514억 원 대박!' 식의 결론을 지으면 안 된다는 점입니다. 최종 이익이 증가했지만, 영업활동과 관련 없는 곳에서 발생한 '이익'이라는 것을 손익계산서를 통해 확인할 수 있어야 합니다.

이익의 변화는 회사의 중요한 결정을 유추해 볼 수 있습니다. 네이버(주)는 대한민국의 대표적인 인터넷 기업 중 하나로 포털 사이트, 검색 엔진, 블로그 플랫폼, 쇼핑몰, 온라인 동영상 서비스, 클라우드 등의 다양한 인터넷 서비스를 제공합니다. 네이버의 반기보고서에 있는 손익계산서를 보면 영업수익이 약 39조 원입니다. 전년 반기 31조 원에서 늘었습니다. 영업이익은 6,379억 원, 6,244억 원으로 양 분기가 비슷합니다.

당기순이익에서 차이가 드러납니다. 2022년 반기 당기순이익은 3,098억 원인데 2021년에는 15조 8,550억 원입니다. 이럴 경우 '이게 뭐지?'라고 생각하며 관련된 정보를 찾아봐야 합니다. 주석을 통해서 네이버의 중단영업을 기타이익에 반영한 것을 알 수 있습니다. 네이버가 운영하던 일본의 메신저 Line 사업을 소프트뱅크라는 일본 회사와 함께 운영하기 위해서 매각하면서 발생한 이익을 회계

● DART 네이버 2022 반기 손익계산서 ●

연결 포괄손익계산서

제 24 기 반기 2022.01.01 부터 2022.06.30 까지

제 23 기 반기 2021.01.01 부터 2021.06.30 까지

(단위 : 원)

	제 24 기 반기		제 23 기 반기	
	3개월	누적	3개월	누적
영업수익 (주5)	2,045,781,381,874	3,891,003,362,131	1,663,549,112,320	3,162,619,182,965
영업비용	(1,709,630,326,756)	(3,253,065,093,184)	(1,327,923,650,435)	(2,538,160,572,666)
영업이익	336,151,055,118	637,938,268,947	335,625,461,885	624,458,610,299
기타수익	32,163,314,537	267,165,359,784	5,679,436,055	22,531,856,064
기타비용	102,015,853,384	186,721,946,541	26,911,626,558	70,218,376,027
이자수익	9,636,894,745	18,215,524,296	4,473,847,094	7,958,637,732
금융수익	229,189,037,867	382,365,717,674	290,866,810,225	388,948,524,629
금융비용	181,860,542,955	391,592,663,116	75,464,341,030	112,707,457,522
지분법손익 (주9)	(60,086,544,460)	(207,546,475,020)	112,850,862,771	211,044,610,481
법인세비용차감전순이익	263,177,361,468	519,823,786,024	647,120,450,442	1,072,016,405,656
법인세비용 (주14)	104,702,950,215	209,951,138,117	106,568,494,811	216,837,318,750
계속영업순이익	158,474,411,253	309,872,647,907	540,551,955,631	855,179,086,906
중단영업순이익 (주19)				14,999,894,577,525
당기순이익	158,474,411,253	309,872,647,907	540,551,955,631	15,855,073,664,431

적으로 처리한 결과였습니다.

시사점은 네이버가 기존 인터넷 사업을 재조정하고 좀 더 새로운 사업에 적극성을 띠고 있다는 점입니다. 기존 사업이 가진 수익성을 고민한 결과라고 생각합니다.

영업이익이 당기순이익에 비해 아주 큰 경우도 주의 깊게 봐야 할 사례입니다. 배달의민족을 운영하는 (주)우아한형제들은 2018년 영업이익이 585억 원이었습니다. 그런데 법인세비용을 제하고 나온 당기순이익은 62억 원에 불과했습니다. 너무 차이가 납니다. 585억 원을 벌었는데 집에 가져가는 건 62억 원밖에 안 된다면 무슨 문제가 있는지 확인해 봐야 합니다.

'영업외비용' 부문에 매도가능증권손상차손이라는 게 있습니다.

● DART 우아한형제들 2018 손익계산서 ●

문서목차
- 감 사 보 고 서
- 독립된 감사인의 감사보고서
- (첨부)재 무 제 표
  - 재 무 상 태 표
  - 손 익 계 산 서
  - 자 본 변 동 표
  - 현 금 흐 름 표
  - 주석
- 내부회계관리제도 검토의견
- 외부감사 실시내용

30. 기타	841,098,525		711,445,391	
Ⅲ. 영업이익		58,599,807,057		21,667,822,537
Ⅳ. 영업외수익		2,220,223,214		805,046,222
1. 이자수익	1,879,766,304		537,124,445	
2. 외환차익	22,989,417		13,130,024	
3. 외화환산이익 (주석 12)	466,564		-	
4. 유형자산처분이익	9,980,903		5,673,739	
5. 복구충당부채환입 (주석 11)	41,835,292		7,063,560	
6. 잡이익	265,184,734		242,054,454	
Ⅴ. 영업외비용		43,258,666,053		1,281,582,589
1. 이자비용	12,633,330		15,159,996	
2. 외환차손	86,905,684		5,359,617	
3. 외화환산손실 (주석 12)	383,999,809		-	
4. 기부금	391,735,752		369,714,300	
5. 매도가능증권처분손실 (주석 5)	56,538,311		-	
6. 매도가능증권손상차손 (주석 5)	33,009,171,731		249,599,585	
7. 유형자산처분손실	136,224,264		438,823,607	
8. 무형자산처분손실	-		11,972,600	
9. 기타대손상각비 (주석 4)	9,118,272,336		12,168,430	
10. 잡손실	63,184,836		178,784,454	
Ⅵ. 법인세차감전순이익		17,561,364,218		21,191,286,170
Ⅶ. 법인세비용 (주석18)		11,360,653,405		-
Ⅷ. 당기순이익		6,200,710,813		21,191,286,170

주석 5번에 우아한형제들이 가진 종속회사가 사업을 중단하고 해당 회사의 지분가치가 사라진 내용이 있었는데 이를 반영한 것이었습니다. 이 또한 회계적 손실이긴 하나, 중요한 점은 당기순이익이 '확' 줄어드는 경우 이처럼 재무제표 읽기를 통해 확인이 필요하다는 사실입니다.

04

이익을 내는 다양한 방법

① **매출총이익** = 매출액 증가, 매출원가 절감
② **영업이익** = 판매관리비 절약
③ **영업외이익** = 금융비용 및 기타비용 절감, 일회성 수익(유형자산 처분 등) 고려
④ **법인세비용차감전순이익** = 투자사업(금융투자, 투자부동산 등) 검토
⑤ **당기순이익** = 법인세 절세 전략

비용이 감소하면 이익이 증가한다

회계는 거래의 상대방이 있고, 차변과 대변으로 상징되는 증가와 감소의 합이 같다는 원리가 곳곳에 흐르고 있습니다. 이익에 관해서도 마찬가지입니다. 이익을 증가시키기 위한 활동은 반대로 비용

이 감소할 때 오히려 효과적인 결과를 낼 수 있습니다.

매출총이익을 늘리는 방법은 매출액을 증가시키거나 매출원가인 비용을 절감했을 때 가능합니다. 매출총이익의 숫자가 증가했을 때 그 원인을 분석하는 방향은 매출액과 매출원가 2개 부분을 동시에 점검해야 합니다. 그래야 비로소 매출총이익의 지속성을 확인할 수 있으니까요.

마찬가지로 영업이익 역시 판매비와관리비를 절약한 것이 가장 큰 이익 증가의 원인이라면 구체적으로 판매비와관리비의 어느 것이 기여했는지 파악해야 합니다. 인건비인지 지급수수료인지 운반비인지에 따라 향후 마케팅 전략이 달라질 수 있습니다. 금융비용, 기타비용의 절감, 법인세 절세가 생각보다 이익에 영향을 주는 경우가 많습니다.

직장인은 재무제표를 읽을 때 자사의 손익계산서는 '이익 개선, 비용 절감'이라는 관점으로 접근해 보면 좋습니다. 재무제표가 직장인에게 좋은 기획서를 만드는 기초 자료로 활용될 수 있습니다.

매출총이익 분석(feat. 스타벅스코리아)

손익계산서로 회사의 성장과 이익의 질을 살펴볼 수 있다는 것을 더 잘 이해할 수 있도록 예시를 들어 설명하겠습니다. 스타벅스코리아(현재는 사명을 바꾸었습니다.)는 국내 커피 프랜차이즈 1위 회사

● DART 에스씨케이컴퍼니(구 스타벅스코리아 2018 손익계산서 ●

문서목차
- 감 사 보 고 서
- 독립된 감사인의 감사보고서
- (첨부)재 무 제 표
  - 주석
- 내부회계관리제도 검토의견
- 외부감사 실시내용

포 괄 손 익 계 산 서

제 22 기 2018년 1월 1일부터 2018년 12월 31일까지

제 21 기 2017년 1월 1일부터 2017년 12월 31일까지

주식회사 스타벅스커피코리아 (단위: 원)

과 목	주 석	제 22 (당) 기	제 21 (전) 기
Ⅰ. 매출액	18, 26	1,522,370,701,555	1,263,460,247,427
Ⅱ. 매출원가	18, 20, 26	(674,293,002,704)	(562,633,756,973)
Ⅲ. 매출총이익		848,077,698,851	700,826,490,454
판매비와관리비	19, 20, 26	(705,220,811,296)	(586,420,189,158)
Ⅳ. 영업이익		142,856,887,555	114,406,301,296
금융수익	21, 28	6,244,283,090	5,088,561,550
금융원가	21, 28	(1,080,835,496)	(1,357,443,866)
기타영업외수익	22, 28	2,366,157,298	3,272,030,128
기타영업외비용	22, 28	(4,299,674,505)	(2,753,826,916)
Ⅴ. 법인세비용차감전순이익		146,086,817,942	118,655,622,192
법인세비용	24	(34,094,455,672)	(28,139,762,400)
Ⅵ. 당기순이익		111,992,362,270	90,515,859,792

입니다. 2018년 매출액이 1.5조 원이 넘었습니다. 스타벅스코리아의 매출총이익은 8,480억 원입니다. 영업이익은 1,428억 원, 당기순이익은 1,119억 원입니다.

평균적으로 커피 산업이 잘되는 이유는 커피 원가가 낮기 때문이라고 합니다. 실제로 그런지 스타벅스커피코리아의 손익계산서로 확인해 보겠습니다. 매출액이 1.5조 원의 매출원가 비용은 6,742억 원입니다. 비율로 따지면 44% 정도 됩니다. 매출원가에 대한 주석을 보니 제품매출원가와 상품매출원가로 나뉩니다. 숫자 항목이 나뉠수록 더 많은 정보를 얻을 수 있습니다.

제품과 상품은 재무상태표 '재고자산' 때 설명한 바와 같이 직접 만드는 제조와 완제품을 가져와 파는 상품으로 구별할 수 있습니다. 스타벅스코리아의 상품으로는 각종 머그컵, 텀블러, 보온병, 다이어리 등이 있습니다. 1년에 한 번 '프리퀀시'를 통해 얻는 경품도

현찰 구매가 가능합니다.

제품과 상품이 어느 정도 비율이 되고, 원가가 얼마인지에 따라 스타벅스코리아가 커피를 팔아서 돈을 더 잘 버는지, 물건을 팔아서 이익이 더 나는지 확인할 수 있습니다. 상품매출 원가는 51%, 제품매출 원가는 41%입니다. 역시 커피가 더 남는 장사입니다. 물론 이는 1년 단위로 합쳐진 총합이기에 제조원가명세서를 통해 계산할 수 있는 정밀한 원가는 아닙니다. 하지만 우리가 직접 계산해 볼 수 있고, 큰 틀에서 판단의 근거로 삼는 데는 충분합니다. '아무리 스타벅스가 만드는 굿즈가 많이 판매된다고 해도 이익은 커피 제조에서 더 나오는구나!'라고 말입니다.

2021년 연말 (주)스타벅스코리아는 신세계그룹이 인수하면서 (주)에스씨케이컴퍼니로 사명을 변경했습니다. 지분 구조는 (주)이마트와 Apfin Investment Pte Ltd.가 각각 67.5%, 32.5%씩 소유하고 있습니다. 이후 뭐가 달라졌을까요? 글로벌 회사가 운영할 때와 신세계로 경영진이 바뀌게 된 후 달라진 점을 재무제표에서 찾아보겠습니다.

2021년 기준 한국 스타벅스의 매출액은 약 2.4조 원이며, 매출원가는 약 1.1조 원입니다. 원가율이 45.7%으로 기존의 (주)스타벅스코리아 때보다는 조금 높아졌습니다. 제품과 상품원가도 구해 보겠습니다. 제품원가 43%, 상품원가 52%로 전에 본 비율과 비슷합니다. 매출액이 증가한 것과 더불어 자칫 이익률이 떨어질 수 있습니다. 관리력이 한계를 갖게 되어서입니다. 그런 면에서는 한국 스타벅스는 안정적인 운영을 유지하고 있습니다. 재무제표 읽기의 매출원가를 과거치와 비교해서 판단해 볼 수 있습니다.

적자와 영업외이익(feat. 평화정공, 쿠팡, 한국전력공사)

손익계산서는 '성장'에 관한 재무제표입니다. 그러다 보니 향후 기업의 미래에 대한 예측에 도움이 됩니다. 일종의 추세 분석과 비슷합니다. 매출액과 이익 추이가 상승 곡선일 경우 시장의 큰 변화가 없다면 '유지'되는 쪽으로 예상할 수 있습니다. 반대로 문제가 되는 부분, 이익이 감소하는 요소를 발견할 수 있다면 더 설명력을 가집니다.

● DART 피에이치에이(구 평화정공) 2018 손익계산서 ●

문서목차
- 사 업 보 고 서
- 【 대표이사 등의 확인 】
- I. 회사의 개요
  - 1. 회사의 개요
  - 2. 회사의 연혁
  - 3. 자본금 변동사항
  - 4. 주식의 총수 등
  - 5. 의결권 현황
  - 6. 배당에 관한 사항 등
- II. 사업의 내용
- III. 재무에 관한 사항
  - 1. 요약재무정보
  - 2. 연결재무제표
  - 3. 연결재무제표 주석
  - 4. 재무제표
  - 5. 재무제표 주석
  - 6. 기타 재무에 관한 사항
- IV. 이사의 경영진단 및 분석의견
- V. 감사인의 감사의견 등
- VI. 이사회 등 회사의 기관에 관한
  - 1. 이사회에 관한 사항
  - 2. 감사제도에 관한 사항
  - 3. 주주의 의결권 행사에 관한
- VII. 주주에 관한 사항
- VIII. 임원 및 직원 등에 관한 사항

연결 손익계산서

제 34 기 2018.01.01 부터 2018.12.31 까지

제 33 기 2017.01.01 부터 2017.12.31 까지

제 32 기 2016.01.01 부터 2016.12.31 까지

(단위 : 원)

	제 34 기	제 33 기	제 32 기
Ⅰ.수익(매출액)	1,066,543,292,352	1,053,836,516,654	1,222,491,907,893
(1)재화의 판매로 인한 수익(매출액)	1,066,543,292,352	1,053,836,516,654	1,222,491,907,893
Ⅱ.매출원가	955,583,725,074	932,499,194,399	1,052,779,307,667
(1)재화의 판매로 인한 수익(매출액)에 대한 매출원가	955,583,725,074	932,499,194,399	1,052,779,307,667
Ⅲ.매출총이익	110,959,567,278	121,337,322,255	169,712,600,226
Ⅳ.판매비와관리비	91,627,980,380	96,128,408,104	100,050,437,095
Ⅴ.영업이익(손실)	19,331,586,898	25,208,914,151	69,662,163,131
Ⅵ.금융수익	59,041,321,919	95,463,771,401	11,547,681,465
Ⅶ.기타이익	12,055,536,603	6,467,717,915	12,221,484,238
Ⅷ.금융원가	15,076,173,784	14,637,582,692	14,008,407,580
Ⅸ.기타손실	8,378,423,997	14,180,134,798	10,722,875,930
Ⅹ.지분법 적용대상인 관계기업과 조인트벤처의 당기순손익에 대한 지분	4,207,914,143	1,720,207,685	3,421,558,236
XI.법인세비용차감전순이익(손실)	71,181,761,782	100,042,893,662	72,121,603,560
XII.법인세비용	26,349,478,263	25,521,542,124	(18,825,112,709)
XIII.당기순이익(손실)	44,832,283,519	74,521,351,538	53,296,490,851

자동차 부품의 제조 판매를 목적으로 설립된 평화정공(주)는 사명을 피에이치에이(주)로 바꾸었습니다. 이 회사는 현대모비스 우수 협력 업체입니다. 그런데 2018년 영업이익이 252억 원에서 193억 원으로 하락했습니다. 원인은 매출 하락과 판매비와관리비 쪽의 지급수수료 증가 탓입니다. 매출은 주는데 비용은 증가하는 비즈니스 모델의 결함이 발생한 것입니다. 2021년까지 매출액은 1조 원에서 9,276억 원으로 지속해서 줄고 있습니다. 영업이익은 더 줄어 65억 원을 기록했습니다. 그 사이 지급수수료 이슈를 해결하지 못한 것으로 추측해 볼 수 있습니다.

● DART 피에이치에이(구 평화정공) 2018 손익계산서 ●

문서목차
- 사 업 보 고 서
- 【 대표이사 등의 확인 】
- I. 회사의 개요
  - 1. 회사의 개요
  - 2. 회사의 연혁
  - 3. 자본금 변동사항
  - 4. 주식의 총수 등
  - 5. 의결권 현황
  - 6. 배당에 관한 사항 등
- II. 사업의 내용
- III. 재무에 관한 사항
  - 1. 요약재무정보
  - 2. 연결재무제표
  - 3. 연결재무제표 주석
  - 4. 재무제표
  - 5. 재무제표 주석
  - 6. 기타 재무에 관한 사항
- IV. 감사인의 감사의견 등
- V. 이사의 경영진단 및 분석의견
- VI. 이사회 등 회사의 기관에 관한
  - 1. 이사회에 관한 사항
  - 2. 감사제도에 관한 사항
  - 3. 주주의 의결권 행사에 관한
- VII. 주주에 관한 사항
- VIII. 임원 및 직원 등에 관한 사
  - 1. 임원 및 직원의 현황

재화의 판매로 인한 매출원가	41,348,917	46,509,555	47,983,987
용역의 제공으로 인한 매출원가	545,692	500,787	452,628
건설계약으로 인한 매출원가	3,563,120	2,752,610	2,159,023
매출총이익	13,499,993	7,711,931	3,442,157
판매비와관리비	2,153,261	1,924,366	1,923,192
영업이익	11,346,732	5,787,565	1,518,965
기타수익	432,219	402,329	400,167
기타비용	108,848	88,220	99,811
기타이익(손실)	8,610,773	107,396	128,514
금융수익	1,182,988	885,290	629,542
금융원가	3,015,457	3,140,038	2,931,622
관계기업,공동기업,종속기업 관련이익(손실)	207,379	274,984	(42,243)
관계기업 및 공동기업 투자지분 평가이익	280,794	319,506	170,399
관계기업 및 공동기업 투자지분 처분이익	4,731	47,072	266
종속기업 투자지분 처분이익	8,376	40,449	1,459
관계기업 및 공동기업 투자지분 평가손실	(86,522)	(78,493)	(140,984)
관계기업 및 공동기업 투자지분 처분손실	0	(1,254)	(44,269)
관계기업 및 공동기업 투자지분 손상차손	0	(52,279)	(28,092)
종속기업 투자지분 처분손실	0	(17)	(1,022)
법인세비용차감전 계속사업이익	18,655,786	4,229,306	(396,488)
법인세비용	5,239,413	1,430,339	(570,794)
당기순이익(손실)	13,416,373	2,798,967	174,306

쿠팡은 당기순손실이 거의 1조 원이나 났던 회사입니다. 2022년을 기점으로 흑자 전환을 이야기합니다만, 2021년 1.5조 원의 영업손실 등 꽤 오랫동안 큰 금액의 영업손실을 누적해 왔습니다. 이익은 모호한 개념이 아닙니다. 적자가 누적되면 회사의 존속에 어려움을 가져다줍니다. 회사는 어떤 수를 쓰든 손실분은 해결해야 지속가능한 기업이 될 수 있습니다.

영업 활동으로 손실을 메우지 못한다면 자산 매각을 통해서 해결책을 찾을 수 있습니다. 매출 하락과 영업손실은 기업에 '직격탄'과 같기 때문입니다. 손쉽게 1~2년 안에 주력 사업을 바꿀 수 있는 회사는 그리 많지 않습니다. 한국전력공사는 2015년 삼성동 부지를 팔아서 유형자산 처분 이익으로 기타이익 8.6조 원을 낸 적이 있습니다. 기타이익으로 이렇게 큰 금액이 나온 적이 없기에 당시 국내 1위 분기순이익 기업이 되기도 했습니다. 한국전력공사의 영업손실(2021년 -5.8조 원)이 큰 편이라서 또 다른 자산을 매각할지 궁금합니다.

7장

이익 증가를 위해 꼭 알아야 할 것

01

손익계산서의 출발점은 매출액이다

매출에 영향을 미치는 4가지 - 실적, 이익, 성장, 시장 파워

손익계산서의 출발점은 매출액입니다. 매출액은 어떤 숫자인지 알아야 할 점이 많습니다. 왜냐하면 매출액 숫자가 주는 정보가 꽤 다양하기 때문입니다. 우선 매출액은 기업의 실석이자 상품(제품)과 서비스의 판매량입니다. 또한 기업의 상품이지만 다르게 보면 소비자와 만나는 접점의 정도로 볼 수 있습니다.

'얼마나 많은 물건을 소비자에게 내놓는가?', '얼마나 많이 기업의 영향력을 미치는가?' 등으로 생각해 볼 수 있습니다. 그러므로 매출액 숫자를 어떻게 해석할지 사전에 생각해 보면 좋습니다. 회사의 성장과 영향이 큰 숫자이기에 더욱 그렇습니다.

구분	매출액
실적	기업의 상품, 서비스 판매량
이익	비용과 이익을 좌우 매출액 = 비용+이익
성장	매출액의 증감 (시간, 부문별, 제품별)
소비자	소비자와 만나는 접점

기본적으로 매출액의 증가는 시간별, 부문별, 제품별로 나뉘면 좋습니다. 질문을 던진다면 '언제 팔았는가?', '어느 부분을 주로 팔았는가?', '어느 제품이 잘 팔리는가?' 등입니다. 안타깝게도 이런 매출액에 대한 세분화 정보가 잘 안 나올 때가 있는데, 그럴 경우에는 재무제표를 보기가 무척 답답해집니다. 하지만 방법이 아예 없지는 않습니다. 경쟁사와 비교하거나 과거 추세를 통해 추정해 볼 수 있습니다.

(주)이마트는 대한민국 대형마트 체인 중 하나입니다. 1993년 설립된 이후 꾸준한 성장을 거듭했으며, 2011년 신세계로부터 분할되었습니다. 이마트는 식료품, 의류, 전자제품, 가전제품, 생활용품, 화장품, 서적 등 다양한 상품을 판매합니다. 또한 이마트 트레이더스(E-Mart Traders)라는 이름의 대형 할인매장을 운영해 미국 브랜드인 (주)코스트코코리아를 견제하고 있습니다.

2018년 기준 이마트의 매출액은 13.조 원입니다. 코스트코코리아는 4.1조 원을 팔았습니다. 두 회사를 비교해 볼 수 있는 지표는 많이 있지만 매출액을 중심으로 견주어 보겠습니다. 매출액 숫자만으로는 이마트가 훨씬 커 보입니다. 롯데마트 역시 매출액이 6.3조 원입니다. 하지만 매장수를 고려해 보면 달라집니다. 코스트코코리아의 매장수는 16개입니다. 롯데마트는 119개, 이마트는 158개로 '미친 코스트코코리아'라는 표현이 나올 수 있습니다. 단위 매장수 또는 매장 면적당 매출액을 비교해 본다면 다른 차원의 인사이트를 도출해 낼 수 있습니다.

매출액을 통해서 회사의 영향과 시장 파워를 생각할 때는 다른 정보와 매출액을 섞어서 비교해 볼 수도 있습니다. 매출액은 회사의 성과이자 시장에서의 지위를 나타낼 수 있는 숫자입니다.

(주)코스트코코리아 손익계산서를 보면 몇 년째 영업이익률 3.3%를 유지하는 특징을 확인할 수 있습니다. 장사가 잘되더라도 (매출액이 오르더라도) 그렇게 이익을 많이 가져가지 않고, 소비자와 관계를 유지하는 스타일이라는 생각이 듭니다. 2021년 기준 5.5조 원의 매출액과 1,941억 원의 영업이익, 영업이익률 3.5%는 다른 어떤 말보다 코스트코코리아와 같은 할인매장이 지향하는 비전을 믿게 만듭니다. "대량 구매 및 대량 판매로 소비자에게 저렴한 상품을 제공한다." 실제로 회사가 이익을 10년 이상 동일하게 가져가는 것을 보면 믿을 수밖에 없습니다.

판매량과 시장점유율(feat. 빙그레, 이마트)

매출액을 다른 식으로 생각해 보면 해당 회사의 실적에 대한 구체적인 이미지를 가질 수 있습니다. 대표적인 방법이 매출액을 가격(단가) × 수량으로 바꾸어 보는 것입니다.

(주)빙그레는 1967년 설립되어 유가공 제품을 제조·판매합니다. 대표 상품으로는 바나나맛우유, 요플레, 투게더, 부라보콘 등이 있습니다. 빙그레의 사업보고서에 '바나나맛우유의 원가' 정보가 나와 있습니다. 그럼 매출원가를 알고 있으니, 전체 매출원가 총합을 주요 제품 5개의 단가로 나눠 보면 대략 계산할 수 있습니다.

'와! 빙그레가 5개 제품 기준으로 1년에 1억 개를 팔고 있네.' 그

● DART 빙그레 2018 사업보고서 ●

문서목차
- 사 업 보 고 서
- 【 대표이사 등의 확인 】
- I. 회사의 개요
  - 1. 회사의 개요
  - 2. 회사의 연혁
  - 3. 자본금 변동사항
  - 4. 주식의 총수 등
  - 5. 의결권 현황
  - 6. 배당에 관한 사항 등
- II. 사업의 내용
- III. 재무에 관한 사항
  - 1. 요약재무정보
  - 2. 연결재무제표
  - 3. 연결재무제표 주석
  - 4. 재무제표
  - 5. 재무제표 주석
  - 6. 기타 재무에 관한 사항
- IV. 이사의 경영진단 및 분석의견
- V. 감사인의 감사의견 등
- VI. 이사회 등 회사의 기관에 관한
  - 1. 이사회에 관한 사항
  - 2. 감사제도에 관한 사항
  - 3. 주주의 의결권 행사에 관한

2. 주요 제품 등

가. 주요 제품에 관한 내용 (단위: 백만원)

구분	매출유형	품 목	구체적용도	주요상표등	매출액(비율)
냉장 품목군	제품 및 상품	우유 및 유음료 외	식품	바나나맛우유, 요플레 등	472,753 (55.28%)
냉동 및 기타 품목군		아이스크림 기 타	식품	투게더 등	382,410 (44.72%)

나. 주요제품의 가격변동추이
(단위: 원)

품 목	제53기	제52기	제51기
바나나맛우유	688	688	688
요플레	459	459	459
아카페라	854	854	854
따옴	950	950	950
투게더 오리지널	2,860	-	-

* 산출기준 : 공장도가격 기준
* 투게더 클래식 제품 변경으로 투게더 오리지널 기재

러면서 회사가 주력 제품을 얼마의 커버리지로 시장에 풀고 있는지를 상상해 보면 회사를 좀 더 이해할 수 있습니다. 숫자 정보를 해당 회사의 제품과 어떤 주력 상품으로 치환해서 그려 보는 것입니다. 그러면 구체적으로 회사가 어떻게 돌아가는지 좀 더 생생하게 느낄 수 있습니다.

또 다른 매출액 활용은 시장점유율 즉 시장의 규모를 측정해 보는 것입니다. MS(market share, 시장점유율)는 시장에서 취급되는 전체 거래량 중에서 기업의 제품이 차지하는 비율입니다. 시장점유율이 높은 기업은 당연히 유리합니다. 시장점유율을 매출액만으로 측정하지는 않습니다. 고객수, 생산량 등과 같은 특정 지표를 사용하기도 하는데 가장 보편적인 기준이 매출액입니다.

예를 들어 시장에서 A, B, C 3개의 기업이 경쟁하고 있습니다. A 기업이 그 시장에서 80억 원의 매출액을 내고 B, C 기업이 각각 50억 원, 30억 원의 매출액을 기록한다면, 전체 시장 규모는 160억 원이고, 각각의 시장점유율은 A 50%, B 31%, C 19% 순서가 됩니다.

시장점유율은 기업의 경쟁력을 평가하거나, 시장의 변화나 경쟁 상황 등을 파악하는 데 유용하게 사용됩니다. 만약 상기 시장의 전

● DART 이마트 2021 사업보고서 ●

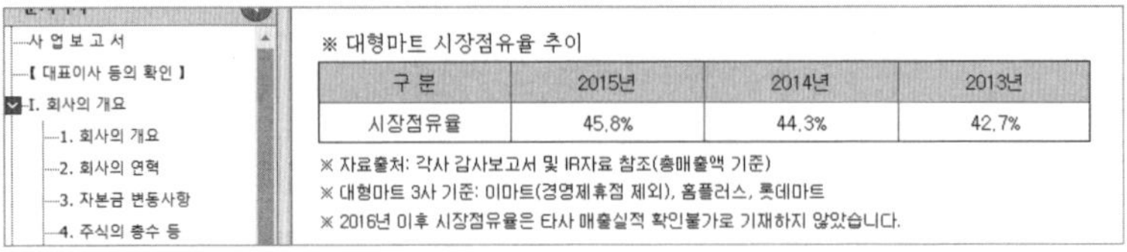

사 업 보 고 서
【 대표이사 등의 확인 】
I. 회사의 개요
1. 회사의 개요
2. 회사의 연혁
3. 자본금 변동사항
4. 주식의 총수 등

※ 대형마트 시장점유율 추이

구 분	2015년	2014년	2013년
시장점유율	45.8%	44.3%	42.7%

※ 자료출처: 각사 감사보고서 및 IR자료 참조(총매출액 기준)
※ 대형마트 3사 기준: 이마트(경영제휴점 제외), 홈플러스, 롯데마트
※ 2016년 이후 시장점유율은 타사 매출실적 확인불가로 기재하지 않았습니다.

체 규모가 2배 증가해 320억 원이 될 정도로 호황이 조성된다면 공장 생산 능력에 따라 각 사의 매출과 이익 증가를 예상해 볼 수 있습니다.

그런데 반대로 불황으로 시장 규모가 반 토막이 나면 어떨까요? MS를 높게 가진 회사가 꼭 유리하지만은 않을 것입니다. 하지만 독점적 시장 지위로 불리는 과반수의 MS를 갖게 되면 가격경쟁력 등 불황기에 2, 3위가 하지 못하는 마케팅 정책을 펼칠 수 있습니다. 결론은 매출액을 통해 시장 안에서 회사의 경쟁력을 파악해 볼 수 있다는 것입니다.

영업수익의 구분(feat. 이지바이오, 경동나비엔)

지금까지 매출액을 통한 기업 평가를 외부의 시각으로 해 보았다면 매출액을 회사의 기준으로 나눠 놓은 정보 역시 의미가 있습니다. 꼭 봐야 할 '주석' 예시에 언급했던 매출에 대한 회사의 구획 '영업부문별' 등을 주의 깊게 봐야 합니다.

매출액의 구분은 사업보고서 '사업의 내용'에서도 찾아볼 수 있습니다. 이지바이오의 예처럼 매출 비중을 통해 핵심 사업 분야와 이익기여도가 높은 곳을 확인할 수 있습니다.

매출액은 회사가 직접 사업보고서 등 재무제표 곳곳에 표기합니다. 주로 지역별, 사업부문별, 제품별로 구분해 두는데 따로 나누는

● DART 이지바이오 2021 사업보고서 ●

문서목차
사 업 보 고 서
【 대표이사 등의 확인 】
I. 회사의 개요
1. 회사의 개요
2. 회사의 연혁
3. 자본금 변동사항
4. 주식의 총수 등
5. 정관에 관한 사항
II. 사업의 내용
1. 사업의 개요
2. 주요 제품 및 서비스

[주요 사업부문별 요약재무정보]

(단위 : 백만원)

구분	사료부문	첨가제부문	연결조정	합계
매출액	71,546	60,845	(2,933)	129,458
영업이익	5,202	10,929	648	16,779
당기순손익	3,367	6,799	676	10,842
자산	55,106	93,905	(31,317)	117,694
부채	33,891	58,227	(19,839)	72,279
자본	21,215	35,678	(11,478)	45,415

이유는 중요하기 때문입니다. 사업을 관리하는 회사 입장에서 가장 효율적으로 또는 필요에 의해 구분해 둔 기준입니다.

예를 들어 SK하이닉스의 경우 반도체 매출 비중이 높은 '중국'과 아시아를 따로 분리해 둡니다. 우리나라 반도체 산업이 중국의 반도체 경기와 유관 산업 동향에 지대한 관심을 가져야 할 사항이라는 것을 여기서 간접적으로 인식할 수 있습니다.

(주)경동나비엔은 가스보일러, 기름보일러, 가스온수기 및 온수

● DART 경동나비엔 2022 3분기 보고서 ●

문서목차
분 기 보 고 서
【 대표이사 등의 확인 】
I. 회사의 개요
1. 회사의 개요
2. 회사의 연혁
3. 자본금 변동사항
4. 주식의 총수 등
5. 정관에 관한 사항
II. 사업의 내용
1. 사업의 개요
2. 주요 제품 및 서비스
3. 원재료 및 생산설비
4. 매출 및 수주상황
5. 위험관리 및 파생거래
6. 주요계약 및 연구개발활동

(2) 지역별 매출에 대한 정보

당분기와 전분기 중 연결실체의 지역별 매출내역은 다음과 같습니다.

(단위: 천원)

구분	당분기		전분기	
	3개월	누적	3개월	누적
국내	88,645,351	245,627,953	74,627,398	244,135,666
북미	150,618,995	482,859,221	151,584,732	418,281,749
러시아	18,306,142	49,599,448	19,540,062	40,338,434
중국	5,250,304	16,679,946	9,130,760	22,354,218
기타 해외	18,376,865	28,846,362	7,980,413	16,487,672
합계	281,197,657	823,612,930	262,863,365	741,597,740

매트 등을 생산·판매하는 보일러 회사입니다. 매출액을 제/상품판매, 공사·용역, 운송 3개의 파트로 나누고 추가로 국내, 북미, 러시아, 중국, 기타 해외로 지역별 구분까지 합니다.

재무제표 주석에 공시된 매출액 분포를 따져 보면 북미가 전체 매출액의 58%가 넘습니다. 미국과 나머지 해외 매출을 감안하면 경동나비엔은 보일러 기업이 아니라 '난방제품 수출 기업'으로 회사 소개를 다시 해야 할 정도입니다.

이처럼 매출액 관련 정보가 회사의 성격을 다시 규정할 수도 있습니다. 무엇을, 어디에, 얼마나 파는지가 그만큼 중요합니다.

02

회사 유지에 꼭 필요한 판매비와관리비

판매비와관리비 분석(feat. 아모레퍼시픽)

손익계산서에서 봐야 할 '주석'을 하나만 꼽으라면 주저 없이 '판매비와관리비'입니다. 손익계산서 '이익의 질적 향상' 중 매출액이나 매출원가 등은 시장 환경에 수동적인 편이며, 제조 과정의 대외비 성격 때문에 재무제표에 공개되지 않습니다. 매출원가, 매출액 등은 본연의 사업과 관련이 있어 다소 고정비 성격입니다. 회사가 존재하기 위해서 유지해야 하는 공장, 설비 등의 비용입니다.

'판매비와관리비'만 유일하게 주석을 통해서 일관성 있게 공개되어 있습니다. '판매비와관리비'는 영업 활동과 직접적일 경우가 많습니다. 어려운 시장 지위를 개선하기 위한 공격적인 마케팅 비용

● DART 아모레퍼시픽 2021 손익계산서 ●

문서목차

연결 포괄손익계산서

제 14 기 2019.01.01 부터 2019.12.31 까지

제 13 기 2018.01.01 부터 2018.12.31 까지

제 12 기 2017.01.01 부터 2017.12.31 까지

(단위 : 원)

	제 14 기	제 13 기	제 12 기
매출액	5,580,142,192,519	5,277,844,561,808	5,123,825,882,104
매출원가	1,500,515,578,424	1,434,875,630,857	1,379,726,027,741
매출총이익	4,079,626,614,095	3,842,968,930,951	3,744,099,854,363
판매비와관리비	3,651,792,017,591	3,360,988,103,012	3,147,700,717,455
영업이익	427,834,596,504	481,980,827,939	596,399,136,908
금융수익	14,739,081,054	12,690,124,378	13,817,294,910
금융비용	19,976,729,196	2,686,931,594	3,080,148,811
기타영업외손익	(51,693,123,255)	(39,028,127,872)	(39,871,872,662)
관계기업손익	(301,604,380)	30,813,947	79,453,857
법인세비용차감전순이익	370,602,220,727	452,986,706,798	567,343,864,202
법인세비용	146,841,192,961	118,142,142,832	169,340,851,762
당기순이익	223,761,027,766	334,844,563,966	398,003,012,440

이 가장 많이 분포되어 있습니다. 광고선전비, 지급수수료 같은 비용이 포함됩니다.

아모레퍼시픽은 1945년 태평양화학공업사로 설립한 우리나라 대표 화장품 제조회사입니다. 갖고 있는 브랜드는 설화수, 헤라, 아이오페, 한율, 라네즈, 마몽드, 오딧세이, 미쟝센, 해피바스, 덴트롤, 려, 송염, 메디안을 비롯하여 에스티로더, 클리니크, 라 메르, 랑콤 등이 있습니다. 화장품은 성격상 유통 판매망이 매우 다양합니다. 특히 아모레퍼시픽은 아시아 지역에서 강한 시장점유율을 보이며, 미국과 유럽 등 세계 각지에서도 매출을 올리고 있습니다.

아모레퍼시픽의 '판매비와관리비' 총계는 약 3.3조 원입니다. 매출액이 5.2조 원, 원가는 1.4조 원입니다. 화장품 회사는 원가보다 '판매비와관리비'가 더 큽니다. 즉 화장품을 제조하는 것보다 고객

● DART 아모레퍼시픽 2021 사업보고서: 주석 27 판매비와관리비 ●

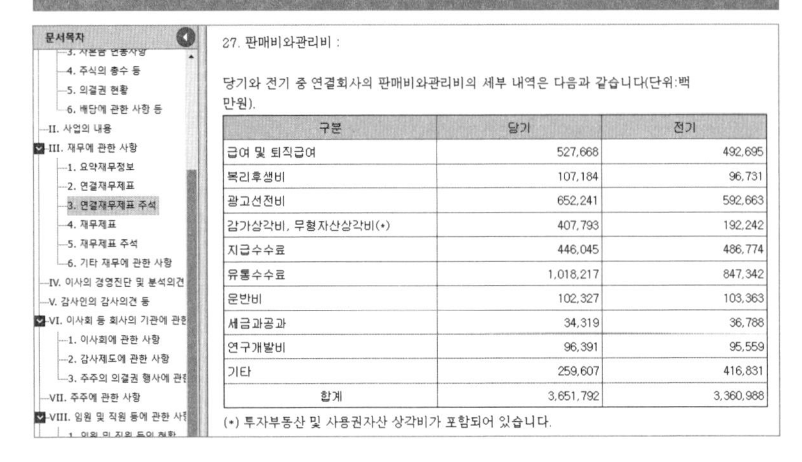

문서목차
4. 주식의 총수 등
5. 의결권 현황
6. 배당에 관한 사항 등
II. 사업의 내용
III. 재무에 관한 사항
1. 요약재무정보
2. 연결재무제표
3. 연결재무제표 주석
4. 재무제표
5. 재무제표 주석
6. 기타 재무에 관한 사항
IV. 이사의 경영진단 및 분석의견
V. 감사인의 감사의견 등
VI. 이사회 등 회사의 기관에 관한
1. 이사회에 관한 사항
2. 감사제도에 관한 사항
3. 주주의 의결권 행사에 관한
VII. 주주에 관한 사항
VIII. 임원 및 직원 등에 관한 사항

27. 판매비와관리비 :

당기와 전기 중 연결회사의 판매비와관리비의 세부 내역은 다음과 같습니다(단위:백만원).

구분	당기	전기
급여 및 퇴직급여	527,668	492,695
복리후생비	107,184	96,731
광고선전비	652,241	592,663
감가상각비, 무형자산상각비(*)	407,793	192,242
지급수수료	446,045	486,774
유통수수료	1,018,217	847,342
운반비	102,327	103,363
세금과공과	34,319	36,788
연구개발비	96,391	95,559
기타	259,607	416,831
합계	3,651,792	3,360,988

(*) 투자부동산 및 사용권자산 상각비가 포함되어 있습니다.

한테 전달하려면 마케팅 비용이 더 많이 든다는 화장품 산업의 특징을 알 수 있습니다.

'판매비와관리비'의 세부 항목을 살펴보면 급여 및 퇴직급여, 복리후생비, 광고선전비, 지급수수료, 유통수수료가 나옵니다. 각 항목의 분포와 증감율을 엑셀 프로그램으로 손쉽게 확인할 수 있습니다. '주석'에 있는 '판매비와관리비'를 드래그해 엑셀에 넣으면 표를 그대로 복사할 수도 있습니다.

분포를 구하니 '유통수수료'가 전체 비용에서 25%나 차지합니다. 과거 방문판매가 주된 유통망이었을 때와 달라진 점이 많겠지만 여전히 '유통수수료'의 비중이 높습니다. 2022년 최근에는 어떻게 변했을까요? 유통수수료의 비중이 20%로 하락했습니다. 코로나19의 영향력이 아닌가 싶습니다.

03

회사의 재무 상태를 알 수 있는 재무비율

성장의 관리(feat. 무신사)

무신사는 '무진장 신발이 많은 곳'이라는 온라인 커뮤니티로 시작해 1조 원이 넘는 자산가치 기업으로 성장한 패션 플랫폼입니다. 매년 놀랍게 급성장하고 있는데 플랫폼 기업으로 패션 브랜드를 입점시키고, 소비자가 구매하기 쉽도록 갖가지 서비스를 제공합니다. 무신사가 유니콘 기업으로 인정받을 수 있었던 것은 브랜드 가치와 높은 매출총이익률 때문입니다.

재무제표를 읽을 때 매년 변하는 매출액을 기준으로 비율을 계산해 볼 필요가 있습니다. 그 이유는 추세를 살필 때 숫자 자체로는 전년 대비 증감은 알 수 있으나, 1,200억 원 매출의 10억 원 영업이

• 무신사 •

(단위: 억 원)

	FY20	FY19	FY18	FY17	FY16	FY15
매출액	3,319	2,197	1,081	677	472	329
매출원가	1,307	868	357	216	109	68
매출총이익	2,011	1,328	723	460	363	260
판매비와 관리비	1,555	835	454	227	146	164
매출원가율	39.4%	39.5%	33.0%	31.9%	23.1%	20.7%
매출액 대비 판매관리비	46.9%	38.0%	42.0%	33.5%	30.9%	49.8%
매출총이익률	60.6%	60.4%	66.9%	67.9%	76.9%	79.0%
영업이익	456	493	269	233	217	96
영업이익률	13.7%	22.4%	24.9%	34.4%	46.0%	29.2%
당기순이익	375	435	224	186	167	75
당기순이익률	11.3%	19.8%	20.7%	27.5%	35.4%	22.8%

익과 1,500억 원 매출의 13억 원 영업이익은 어느 쪽이 나은 결과인지 비율을 따져 보기 전까지는 확인할 수 없기 때문입니다.

재미있는 점은 대부분의 재무비율이 손익계산서 항목을 이용해 나온다는 것입니다. 가장 기본적인 기준은 바로 매출액입니다. 매출액을 분모로 둔 재무비율이 꽤 많습니다.

무신사의 초창기 발전은 매출총이익률 79~66%에서 가늠해 볼 수 있습니다. 매출액이 329억 원에서 1,081억 원으로 4년간 213% 증가해도 매출총이익률이 유지된 것으로 플랫폼 기업의 높은 이익

성장성을 알 수 있습니다. 그 밖에도 '판매비와관리비' 등 곳곳의 비용이 관리되고 있는 사실을 재무비율을 통해 확인할 수 있습니다. 재무비율은 타사와의 비교뿐만 아니라 자사 비교도 가능합니다.

목적에 따른 구분 – 안정성, 활동성, 수익성, 성장성

재무비율은 목적에 따라서 구분합니다. 막상 공식을 보면 어려운

구분	이름	산식
안정성	부채비율	부채÷자본총계
	이자보상비율	영업이익÷이자비용
	유동비율	유동자산÷유동부채
수익성	매출총이익률	매출총이익÷매출액
	영업이익률	영업이익÷매출액
	당기순이익률	당기순이익÷매출액
	총자산이익률(ROA)	당기순이익÷총자산
	자기자본이익률(ROE)	당기순이익÷자기자본
활동성	총자산회전율	매출액÷총자산
	기타의 회전율	매출액÷기타의 자산
성장성	매출액증가율	(당기매출액-전기매출액)÷전기매출액 X 100
	영업이익증가율	(당기영업이익-전기영업이익)÷전기영업이익 X 100
	당기순이익증가율	(당기순이익-전기순이익)÷전기순이익 X 100
시장가격과 비교	PER(주가순이익비율)	주가÷주당순이익(EPS: Earning Per Share)
	PBR(주가순자산비율)	주가÷주당순자산(BPS: Book value Per Share)

수학이 아니라 '나누기'가 주로 사용되는 산수임을 알 수 있습니다. 시장가격과의 비교 외에는 논리를 수식으로 펼쳐 놓은 것에 불과합니다.

'수익성' 지표 중 하나인 총자산이익률(ROA)은 거창해 보이나 최종적으로 가져가는 당기순이익을 총자산으로 나누기합니다. 당기순이익이 현재 가진 자산 대비 얼마의 비중이냐는 것입니다. 총자산이 적은 상태에서 언어낸 당기순이익이 당연히 회사에 높은 수익을 가져다주는 우량자산을 보유한 관리 수치가 될 수 있습니다. 하지만 단지 숫자만으로 진짜 자산의 우량성을 입증하지는 못합니다.

재무제표 읽기 아이디어

재무비율은 기업 분석을 위한 기초 정보입니다. 재무상태표는 '안정성'을 보여 주며, 손익계산서와 현금흐름표는 '성장성'과 '수익성'을 알려 줍니다. 재무비율 역시 해당 재무제표 숫자를 갖고 비율을 만들어 봅니다.

재무제표를 읽는 용도(의도)에 따라 다르겠지만 보통은 안정성 → 수익성 → 성장성을 보면 좋습니다. 대표적인 지표를 들자면 부채비율 → 영업이익률 → 매출액증가율 순입니다. 현금흐름표는 수익과 성장에서 보조지표로 영업활동현금흐름과 투자활동현금흐름을 참고합니다.

재무제표를 읽는 전문가, 신용평가사, 은행, 투자자 등도 마찬가지 입장입니다. 신용평가사는 회사가 건전하고, 사업을 잘하는지 안정성/수익성에 집중합니다. 차입을 해 주는 은행은 더욱더 안정성이겠죠. 투자자는 성장성/수익성을 주로 봅니다.

재무비율에 대한 학습은 이론보다는 실제로 계산해 보면 좋습니다. 그럼으로써 '이거 별거 아니네, 이 숫자들을 나눠서 나온 거였어.'라는 확신이 들어야 합니다. 해 보고 나면 그다음부터 다른 회사의 재무비율을 볼 때 '감'이 생기게 됩니다. 보통 제조업에서 영업이익률 10%면 좋은 회사라고 평가합니다. 왜 그런지 증명하기보다는 10여 개의 회사 영업이익률을 구해 보면 알게 됩니다.

이자보상비율의 논리

아시아나항공(주)를 힘들게 했던 비율인 이자보상비율을 확인할 수 있는 공식은 영업이익÷이자비용입니다. '회사가 영업해서 돈 벌어서 이자는 갚을 수 있는가 없는가?'를 나타내는 지표입니다. 분모인 이자비용이 분자인 영업이익보다 크다면 이자보상비율은 1보다

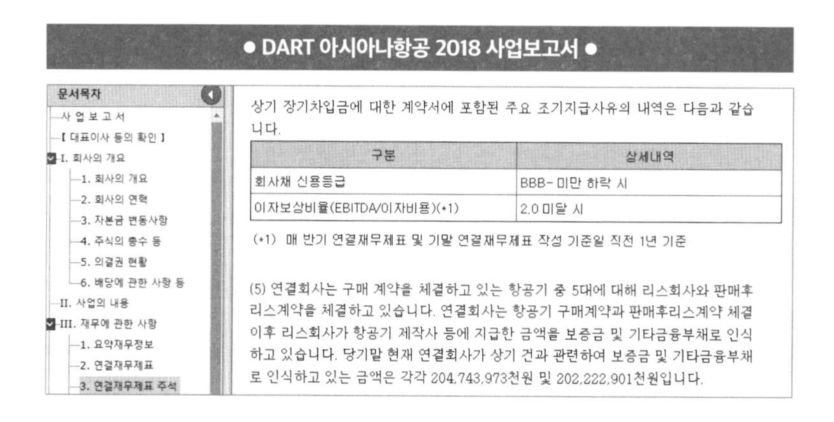
● DART 아시아나항공 2018 사업보고서 ●

문서목차
사 업 보 고 서
【 대표이사 등의 확인 】
I. 회사의 개요
1. 회사의 개요
2. 회사의 연혁
3. 자본금 변동사항
4. 주식의 총수 등
5. 의결권 현황
6. 배당에 관한 사항 등
II. 사업의 내용
III. 재무에 관한 사항
1. 요약재무정보
2. 연결재무제표
3. 연결재무제표 주석

상기 장기차입금에 대한 계약서에 포함된 주요 조기지급사유의 내역은 다음과 같습니다.

구분	상세내역
회사채 신용등급	BBB- 미만 하락 시
이자보상비율(EBITDA/이자비용)(*1)	2.0 미달 시

(*1) 매 반기 연결재무제표 및 기말 연결재무제표 작성 기준일 직전 1년 기준

(5) 연결회사는 구매 계약을 체결하고 있는 항공기 중 5대에 대해 리스회사와 판매후리스계약을 체결하고 있습니다. 연결회사는 항공기 구매계약과 판매후리스계약 체결 이후 리스회사가 항공기 제작사 등에 지급한 금액을 보증금 및 기타금융부채로 인식하고 있습니다. 당기말 현재 연결회사가 상기 건과 관련하여 보증금 및 기타금융부채로 인식하고 있는 금액은 각각 204,743,973천원 및 202,222,901천원입니다.

작아집니다. 차입금의 부담을 직관적으로 보여 줍니다. 2018년 아시아나항공은 영업이익 282억 원으로 흑자임에도 불구하고 이자보상비율이 1보다 적은 상태를 지속하고 있습니다. 외부 투자자와 이해관계자들은 다른 지표를 굳이 찾아보지 않아도 아시아나항공의 위기를 직감할 수 있습니다.

8장

현금흐름으로 회사 실체를 확인하라

01

현금흐름의 출처

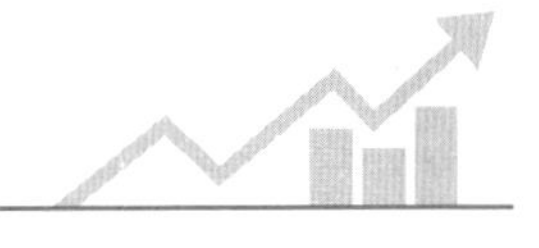

영업활동현금흐름, 투자활동현금흐름, 재무활동현금흐름

재무상태표를 통해서 회사의 자산을 알고, 손익계산서를 통해서 일정 기간의 이익과 매출을 파악할 수 있습니다. 그다음에는 무엇을 알고 있어야 진짜 회사의 실체를 확신할 수 있을까요? 가진 돈입니다. 현금흐름표는 재무상태표와 손익계산서가 발생주의 회계 원칙에 따라 작성될 때 생기는 숫자와 실제 현금의 차이를 보완해 주는 재무제표입니다.

발생주의라는 것은 거래의 발생시점 기준으로 재무제표에 기재하는 원칙입니다. 실제 현금의 유출입이 없는 외상 매출이나, 보유한 자산의 가치하락을 재무제표에 기재하는 방식입니다. 이는 재무

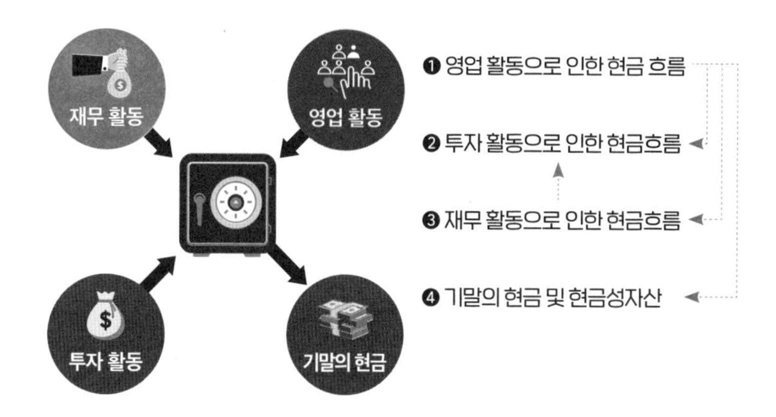

제표라는 보고서가 보고·제출되는 기간별로 정확한 정보를 제공하기 위한 방식입니다.

다 잊어버려도 한 가지는 꼭 기억해야 합니다. 재무상태표와 손익계산서에는 현금이 드나들지 않아도 기록하는 숫자가 있고, 그러다 보니 기업이 실제로 가진 돈과 헷갈린다는 점입니다. 결국 각각의 숫자는 하나의 결과를 보여 줄 뿐입니다. 현금흐름표는 기업 입장에서도 실제로 회사가 가진 돈을 파악하기 위해서 작성하는 재무제표로 일부 현금주의 원칙을 준용합니다.

발생주의와 현금주의 때문에 생기는 차이를 유명한 애널리스트는 이렇게 강조했습니다.

"이익은 의견이지만 현금은 사실이다.(Profit is an Opinion, but Cash is a Fact.)"

아무리 이익이 났다고 얘기해도 실제 현금이 들어오고, 현금화되어 있어야지 의미가 있다는 말입니다. 발생주의로 만들어진 손익계산서의 영업이익 100억 원은 실제로 100억 원의 현금이 아닙니다.

그런데 현금에는 꼬리표가 없습니다. 회사로 들어온 현금에는 이익만 있지는 않습니다. 회사 금고에 현금 10억 원이 있다고 해서 그것이 모두 다 영업을 통해서 들어온 게 아니라는 점을 재무제표 현금흐름표가 보여 줍니다.

첫째, 영업활동현금흐름. 실제 영업에서 벌어들인 현금입니다.

둘째, 투자활동현금흐름. 자산을 사거나 팔거나 하는 활동에 따른 현금입니다.

셋째, 재무활동현금흐름. 은행과의 관계에서 발생하는 현금일 경우가 많습니다. 대출과 투자, 배당 등 재무 활동을 통해서 드나드는

재무제표 읽기 아이디어

현금흐름 중 투자활동현금흐름은 기업의 미래에 대한 의지를 엿볼 수 있는 숫자입니다. 기업이 어디에 얼마의 돈을 사용했는지, 그리고 그 투자의 결과를 얼마나 회수하고 있는지 보여 줍니다.

기존에 투자한 '자원'의 1년치 비용처리는 '감가상각비'로 대표됩니다. '감가상각비 > 유형자산취득'과 '감가상각비 < 유형자산취득'을 놓고 볼 때 '감가상각비 - 유형자산취득 = 미래투자비용'이라고 생각할 수 있습니다.

그런데 투자활동현금흐름이 본연의 사업보다 '금융자산'에 집중되어 있을 때는 한 번 더 재무제표 곳곳을 살펴보길 권합니다. 회사가 어떤 선택을 한 것인지 확인할 필요가 있습니다.

현금을 여기에 기록합니다.

현금흐름표의 중요한 기능은 현금이 어디로부터 흘러 들어왔는지 출처를 알게 합니다. 또한 '기말의 현금' 보유량을 측정하고 보여주어 각각의 영업, 투자, 재무현금흐름 활동이 원활하게 이루어지는지 관리합니다.

버는 돈, 투자한 돈, 빌린 돈(갚은 돈)

현금흐름표를 읽고 난 뒤의 해석은 "현금이 어디서 들어왔는지, 영업해서 돈을 잘 벌고 있는지, 투자는 얼마나 하고 있는지, 은행에 돈은 잘 갚고 있는지…." 정도가 됩니다. 재무상태표가 '자산의 분포', 손익계산서가 '성장'이라면 현금흐름표는 '버는 돈, 투자한 돈, 빌린 돈(갚은 돈)'입니다.

우선 주의해야 할 점은 현금흐름표는 기업의 입장에서 돈의 유출입을 표시한다는 것입니다. 재무제표는 마이너스 표식을 ( ) 괄호를 통해 합니다. - 표식을 +로 고칠 수 있다는 우려 때문에 생긴 형식입니다. 투자활동현금흐름이 (12,456,345,555) 단위 원으로 적혀 있다는 것은 투자를 위해서 기업의 현금 124억 원이 유출되었다는 의미입니다.

삼성전자의 현금흐름표를 한 번 읽어 보겠습니다. 영업에서 들어오는 영업활동현금흐름이 24조 5,891억 원입니다. 투자활동현금흐

● DART 삼성전자 2022 반기보고서: 현금흐름표 ●

문서목차

- 반 기 보 고 서
- 【 대표이사 등의 확인 】
- I. 회사의 개요
  - 1. 회사의 개요
  - 2. 회사의 연혁
  - 3. 자본금 변동사항
  - 4. 주식의 총수 등
  - 5. 정관에 관한 사항
- II. 사업의 내용
  - 1. 사업의 개요
  - 2. 주요 제품 및 서비스
  - 3. 원재료 및 생산설비
  - 4. 매출 및 수주상황
  - 5. 위험관리 및 파생거래
  - 6. 주요계약 및 연구개발활동
  - 7. 기타 참고사항
- III. 재무에 관한 사항
  - 1. 요약재무정보
  - 2. 연결재무제표
  - 3. 연결재무제표 주석
  - 4. 재무제표
  - 5. 재무제표 주석
  - 6. 배당에 관한 사항
  - 7. 증권의 발행을 통한 자금조
  - 8. 기타 재무에 관한 사항
- IV. 이사의 경영진단 및 분석의견
- V. 회계감사인의 감사의견 등

연결 현금흐름표

제 54 기 반기 2022.01.01 부터 2022.06.30 까지

제 53 기 반기 2021.01.01 부터 2021.06.30 까지

(단위 : 백만원)

	제 54 기 반기	제 53 기 반기
영업활동 현금흐름	24,589,135	25,889,535
영업에서 창출된 현금흐름	31,054,031	30,801,574
당기순이익	22,423,433	16,776,171
조정	28,057,798	21,932,516
영업활동으로 인한 자산부채의 변동	(19,427,200)	(7,907,113)
이자의 수취	706,755	686,093
이자의 지급	(264,834)	(155,459)
배당금 수입	229,806	202,632
법인세 납부액	(7,136,623)	(5,645,305)
투자활동 현금흐름	(19,929,267)	(5,746,952)
단기금융상품의 순감소(증가)	(906,942)	15,611,924
단기상각후원가금융자산의 순감소(증가)	2,198,246	530,088
단기당기손익-공정가치금융자산의 순감소(증가)	(14,748)	21,731
장기금융상품의 처분	5,343,921	5,029,379
장기금융상품의 취득	(4,326,888)	(4,498,757)
기타포괄손익-공정가치금융자산의 처분	484,094	2,625,165
기타포괄손익-공정가치금융자산의 취득	(15,385)	(910,232)

름은 괄호로 되어 있습니다. 돈이 나갔다는 이야기입니다. 19.9조 원이 투자로 기업 밖으로 나갔습니다.

세부 항목은 아래쪽을 보면 되는데 유형자산 처분도 있고 유형자산 취득이 있습니다. 취득을 20조 원이나 했습니다. 재무활동현금흐름은 은행 관계인데 재무 활동이 -6.4조 원입니나. 은행에 돈을 갚았을 것입니다. 배당금 지급이 -4.9조 원입니다. '기말의 현금'이 39.5조 원 남아 있습니다.

현금흐름표와 손익계산서의 공통점은 기간입니다. 보통 작성한 기간에 현금이 어떤 이유로 왔다 갔는지 드나듦을 표시합니다.

옆 페이지의 현금흐름표는 2022년 반기 기준으로 작성된 것입니다. 24조 원을 영업에서 벌고, 19조 원을 투자하고 있으며 은행에

● DART 삼성전자 2022 반기보고서 현금흐름표 ●

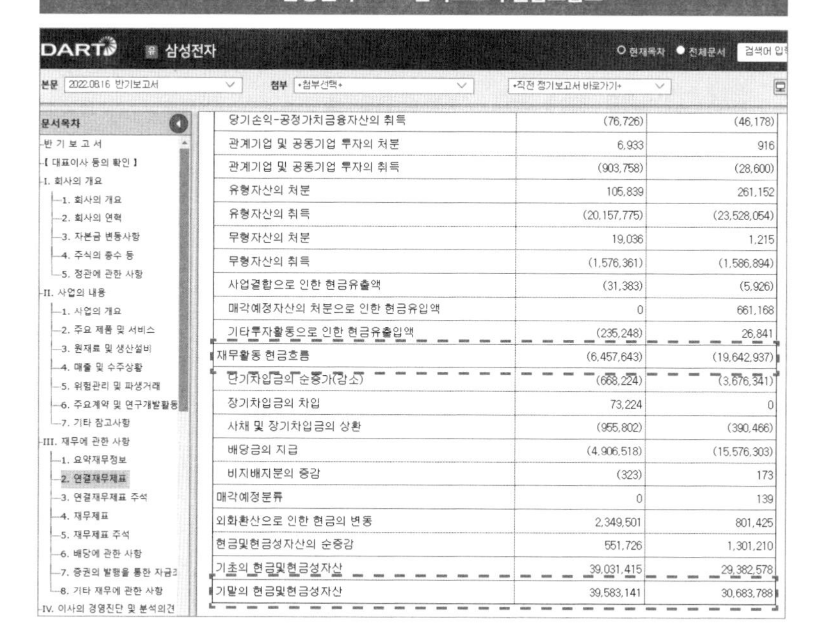

항목		
당기손익-공정가치금융자산의 취득	(76,726)	(46,178)
관계기업 및 공동기업 투자의 처분	6,933	916
관계기업 및 공동기업 투자의 취득	(903,758)	(28,600)
유형자산의 처분	105,839	261,152
유형자산의 취득	(20,157,775)	(23,528,054)
무형자산의 처분	19,036	1,215
무형자산의 취득	(1,576,361)	(1,586,894)
사업결합으로 인한 현금유출액	(31,383)	(5,926)
매각예정자산의 처분으로 인한 현금유입액	0	661,168
기타투자활동으로 인한 현금유출입액	(235,248)	26,841
재무활동 현금흐름	(6,457,643)	(19,642,937)
단기차입금의 순증가(감소)	(668,224)	(3,676,341)
장기차입금의 차입	73,224	0
사채 및 장기차입금의 상환	(955,802)	(390,466)
배당금의 지급	(4,906,518)	(15,576,303)
비지배지분의 증감	(323)	173
매각예정분류	0	139
외화환산으로 인한 현금의 변동	2,349,501	801,425
현금및현금성자산의 순증감	551,726	1,301,210
기초의 현금및현금성자산	39,031,415	29,382,578
기말의 현금및현금성자산	39,583,141	30,683,788

6.4조 원을 갚았습니다. 삼성전자의 2022년 6월 반기 기준으로 가진 현금은 39조 원입니다.

02

현금의 힘은 강하다

현금으로 거래 활동을 살펴보다

재무제표는 여러 개 있지만 모두 1개 기업의 실체를 나타내기 위한 표입니다. 정육면체가 각기 다른 면을 보여 주듯이 재무상태표, 손익계산서, 현금흐름표는 각각 역할에 충실할 뿐입니다. 3개의 표가 나타내는 바가 같은 실체이듯 재무제표는 하나의 기업을 나타내기 위해 모두 '연결'되어 있습니다.

현금흐름표 역시 기말의 현금은 재무상태표 제일 상단의 현금및현금성자산과 동일한 수치일 수밖에 없습니다. 회사가 가진 현금을 2개의 재무제표가 기록하는 공간이 다를 뿐입니다. 현금흐름표의 영업 활동, 투자 활동, 재무 활동은 그 표기의 방식이 현금주의라 다

르지만 직·간접적으로 재무상태표의 곳곳에 영향을 미칩니다.

현금흐름표는 손익계산서와 마찬가지로 '단기적', 즉 일정 기간의 현금 거래 활동을 보고합니다. 반기나 분기보고서의 현금흐름표가 있기는 하나 기업의 현금 거래는 수백, 수만 건에 달합니다. 이를 직접법(현금을 직접 세고 장부에 기록하는 법)으로 하는 것은 불가능합니다. 이에 현금흐름표는 간접법(결산 후 현금의 유출입이 없는 숫자를 차감하는 방식)을 이용합니다. 보통 1년 기간을 보고 간격으로 잡는데 손익계산서와 동일한 이유입니다.

재무제표 사용자와 보고자를 위해 작성자는 기간손익을 따져 재무제표라는 보고서를 작성합니다. 보편적으로 1월 1일부터 12월 31일 기준입니다. 12월 말 결산을 마치고 외부감사가 3월 말에 이루어지는 이유는 국세청 세금신고를 기준으로 한 일정 때문입니다.

현금흐름표의 기말 현금을 잉여현금, 운전자본과 동일하게 볼 수는 없습니다. 하지만 현금흐름을 파악할 때 유량의 개념으로 접근하면 좋습니다. 회사는 기본적으로 일정 수준 이상의 현금 보유량을 유지해야 합니다. 지속적인 투자 활동(원재료 구입, 유형자산 증설 등)이 필요하고, 거래처에 주어야 할 대금이 순환해야 합니다. 어느 정도 경영 활동을 유지할 수 있는 운전자본이 필요합니다. 운전자본의 계산은 따져야 할 것이 많습니다다만 몇 년 치 현금흐름표의 기말의 현금을 통해 유추해 볼 수 있습니다.

돈의 흐름으로 회사를 평가하다(feat. 헬릭스미스)

현금흐름표의 매력은 현금 자체가 가진 '진실성' 때문입니다. 기업의 경영 활동은 외부에 노출되지 않을 때가 많습니다. 정기적인 보고서가 있는 것도 아닙니다. 재무제표는 일정 기준에 따라 정기 공시의 절차를 밟기 때문에 '보고기간' 중에 발생한 일은 재무제표에 기록되어야 합니다. 그런데 그조차도 숫자로 표현되고, 합쳐진 총액이라 진위를 파악하기 힘들 때가 많습니다. 그런데 현금흐름표의 내용만은 현금의 유출입을 표기한 그대로이기 때문에 거품이 낄 여지가 별로 없습니다.

(주)헬릭스미스(구 바이오메드)는 생명공학 바이오 기업으로 유전자 치료제 및 세포 치료제 개발에 집중하고 있습니다. 연구개발 중인 제품은 당뇨병성 신경병증 치료제, 근위축성 측삭경화증 치료

● DART 헬릭스미스 2018 사업보고서: 현금흐름표 ●

…인한 현금유출액	(1,314,437,920)		
재무활동현금흐름	113,235,092,661	6,791,393,190	156,604,060,284
주식의 발행			152,811,986,680
종속기업의 유상증자	3,513,870,756		
단기차입금의 증가	1,116,520,981	28,355,375	43,700,000
단기차입금의 감소	(706,549,832)		(140,825,938)
장기차입금의 증가	17,657,980,000	7,000,000,000	4,200,000,000
장기차입금의 감소	(11,390,300,000)		(310,800,458)
전환사채의 증가	103,113,870,756		
유동성장기차입금의 감소	(70,300,000)	(236,962,185)	
현금및현금성자산에 대한 환율변동효과	30,844,800	(1,250,995,209)	207,074,827
현금및현금성자산의 순증가(감소)	21,277,065,238	9,179,152,614	4,960,735,644
기초현금및현금성자산	15,132,448,960	5,953,296,346	992,560,702
기말현금및현금성자산	36,409,514,198	15,132,448,960	5,953,296,346

제, 허혈성 심장질환(CAD) 치료제, 샤르코 마리 투스 질환(CMT) 치료제, 유방암 치료 백신, 혈소판 감소증 치료제, 코로나 보조치료제, 폐기능 개선제 등입니다.

회사는 역사가 오래되었습니다. 1996년 서울대 학내 벤처로 설립되어 2005년 코스닥에 상장했습니다. 2019년 회사명을 바이오로메드에서 헬릭스미스로 바꾸었습니다.

손익계산서는 2018년에 수익이 31억 원밖에 안 되는데 판매비와관리비가 117억 원입니다. 영업적자 -141억 원이고 당기순손실 -286억 원인 회사입니다. 그런데도 2018년 기말 현금은 364억 원으로 많습니다. 현금흐름표를 제대로 보아야 할 때입니다.

이 현금은 재무활동현금흐름의 1,132억 원에서 나왔습니다. 전환사채는 1,031억 원 발행되었습니다. 코로나 이전 당시에 바이오 기업은 자금 조달이 쉬웠습니다. 이 회사가 가지고 있는 364억 원은 재무 활동을 통해 투자받은 자금입니다. 2022년 당뇨병성 신경병증에 대해서 임상을 진행한다는 공시를 냈습니다. 여전히 2022년 반기 영업손실이 -253억 원입니다.

그런데 이 현금흐름표를 보니 재미있는 현상이 보입니다. 투자활동현금흐름이 플러스입니다. 단기손익금융자산을 팔아서 현금화했습니다. 이유를 보니 재무 활동으로 -920억 원의 돈이 나갔습니다. 대신 전환사채가 줄었습니다. 즉 과거에 1,031억 원의 사채를 빌려주었던 대상들이 헬릭스미스로부터 자금을 회수하고 있습니다. 단언할 수는 없지만 돈의 흐름으로 회사가 어떤 상태로 흘러가는지, 외부에서 어떤 평가를 내리는지 확인할 수 있습니다.

현금을 가진 회사의 선택(feat. 넷마블, SK시그넷)

현금은 부차적인 설명이 길지 않습니다. 존재 자체가 설명력이 있기 때문입니다. 게임회사인 (주)스마일게이트홀딩스는 종합 게임 개발 및 배급 회사입니다. 2005년 설립하여 현재까지 국내외에서 다양한 게임을 개발하고 있습니다. 대표 게임으로는 '크로스파이어'가 있습니다. 크로스파이어는 FPS(First-Person Shooter) 장르의 온

라인 게임으로 국내외 특히 중국에서 인기가 높습니다.

2021년 스마일게이트홀딩스의 영업활동현금흐름은 8,740억 원이라는 점이 회사의 강점을 바로 드러냅니다. 영업수익은 1.4조 원, 영업이익은 5,930억 원입니다. 과거에 히트 친 게임 하나뿐인 오래된 회사처럼 알고 있었다면 이 숫자들을 다시 보아야 합니다.

기본적으로 손익계산서의 영업이익은 그 기간에 회사의 성적과 같은 숫자로 말할 수 있습니다. 회사의 현금흐름은 현금흐름표의 영업활동현금흐름을 참고하면 좋습니다. 당장 돈이 들어오는 게 어느 정도인지 알 수 있습니다. 회사의 매출채권이 시차를 갖고 현금화될 수 있습니다. 올해 대금이 한꺼번에 들어오는 경우도 있을 것입니다.

이유가 어찌 되었든 영업이익, 당기순이익, 영업활동현금흐름 3가지의 몇 년 치 패턴을 분석해 회사가 어떤 주기로 현금화하는지 파악해 두면 좋습니다. 장기간 계약을 통해서 매출과 현금화가 이루어지는 수주산업의 경우 특히 그렇습니다.

전기자동차용 충전기의 제조 및 판매를 목적으로 2016년 설립된 회사인 (주)시그넷이브이는 2019년에 현금흐름표상의 투자활동현금흐름이 -300억 원 찍혀 있습니다. 당시 토지도 취득하고, 건물과 설비에 투자했습니다. 매출액이 458억 원에 불과하고 아직은 영업활동현금흐름이 크지 않던 회사라 투자에 적극적이라고 볼 수 있었습니다.

아직은 스타트업에 불과한 회사이지만 전기차 충전소 분야의 기

● DART SK시그넷(구 시그넷이브이) 2018 사업보고서: 현금흐름표 ●

사 업 보 고 서
【 대표이사 등의 확인 】
I. 회사의 개요
1. 회사의 개요
2. 회사의 연혁
3. 자본금 변동사항
4. 주식의 총수 등
5. 의결권 현황
6. 배당에 관한 사항 등
II. 사업의 내용
III. 재무에 관한 사항
1. 요약재무정보
2. 연결재무제표
3. 연결재무제표 주석
4. 재무제표
5. 재무제표 주석
6. 기타 재무에 관한 사항
IV. 이사의 경영진단 및 분석의견
V. 감사인의 감사의견 등
VI. 이사회 등 회사의 기관에 관한
1. 이사회에 관한 사항
2. 감사제도에 관한 사항
3. 주주의 의결권 행사에 관한
VII. 주주에 관한 사항
VIII. 임원 및 직원 등에 관한 사항
1. 임원 및 직원의 현황

II. 투자활동으로인한현금흐름		(30,568,784,189)		(29,938,683,120)
1. 투자활동으로인한현금유입액	29,405,515,459		5,621,275,099	
가. 단기금융상품의 감소	-		36,000,000	
나. 보증금의 감소	17,650,000		13,000,000	
다. 국고보조금의 유입	2,349,451,470		-	
라. 단기대여금의 회수	27,038,413,989		5,572,275,099	
2. 투자활동으로인한현금유출액	(59,974,299,648)		(35,559,958,219)	
가. 정부보조금의 유출	830,097,171		47,151,795	
나. 단기금융상품의 증가	-		76,000,000	
다. 장기금융상품의 증가	4,000,000		-	
라. 토지의 취득	2,587,554,718		-	
마. 건물의 취득	4,259,007,585		-	
바. 기계장치의 취득	1,090,727,873		-	
사. 비품의 취득	179,617,921		21,991,206	
아. 차량운반구의 취득	61,162,753		-	
자. 금형자산의 취득	256,700,000			
차. 건설중인자산의 취득	175,284,600		-	
카. 소프트웨어의 취득	14,490,000		-	
타. 개발비의 취득	-		964,115,672	
파. 상표권의 취득	14,325,602		-	
하. 보증금의 증가	195,281,273		53,200,000	

출력을 갖고 있습니다. 알다시피 전기차는 완성차, 배터리 업체 중심으로 크게 성장하던 때입니다. 당시 이 회사는 작지만 전기차 충전소 관련 분야에 집중하고 있었던 것입니다. 말은 누구나 할 수 있습니다만 현금흐름표의 투자활동현금 -300억 원은 진심처럼 느낄 수밖에 없는 숫자입니다.

현재 이 회사의 사명은 (주)SK시그넷으로 바뀌었습니다. SK가 지분 53%를 갖고 있습니다. M&A를 통해 인수한 것으로 보입니다. 현금을 통해서 설명되는 일은 많습니다.

넷마블이 코웨이를 인수할 때 여러 가설이 돌았습니다. 게임회사인 넷마블은 현금이 그렇게 많이 필요한 회사가 아닙니다. 그렇다고 2018년 저금리 상황 속에 돈을 그냥 은행에만 두는 것도 어리

석은 짓입니다. 마침 매년 영업이익 6,500억 원 이상 하는 코웨이를 1.7조 원에 살 수 있는 상황이었습니다. 넷마블에는 코웨이를 인수할 자금이 현금으로 이미 1.5조 원 있었습니다. 좋은 기업을 살 수 있는 자금 여력이 있었던 것입니다.

'돈이 있는데 사야지. 그런 회사 안 사고 뭐 해.' 이런 식의 논리를 직관적으로 해 볼 수 있습니다. 이것이 바로 현금의 힘입니다. 돈이 없다면 논의 자체가 불가능합니다. 코웨이는 매년 배당을 900억 원씩 하고 있습니다.

03

재무제표와 기업 실체가 다를 수 있다

발생주의 숫자의 착시(feat. 대우조선해양)

발생주의 장부 작성 기준은 현금의 유출입이 없는 숫자가 재무제표 안에 포함되어 '착시 효과'를 불러일으킵니다. 예를 들어 계약 체결로 인한 매출액 기록, 감가상각비, 금융자산평가 등 재무제표에 기록된 숫자는 실제 현금이 들어오거나 나가는 게 아닙니다. 해당 거래가 발생한 시점에 재무제표에 표기해 보고의 완결성을 높이는 데 목적이 있습니다. 다만 '회계적 착시'를 알고 보아야 합니다.

발생주의 기준으로 작성된 재무제표, 재무상태표와 손익계산서는 회사가 조절할 수 있습니다. 물론 이익조정은 허용된 범위 안에서 가능합니다. 이를 기업의 의도로 볼 수 있는데 12월 말의 매출액을 다음 해로 이월한다든지, 원재료 단가 상승이 예상되니 재고자산을 평소보다 늘린 상태로 회계처리를 진행하여 회사의 이익을 조정합니다.

그런데 이것이 악용될 때가 있고, 그 정도가 심한 경우에는 분식회계 문제를 발생시킵니다. 분식회계라는 것은 장부상으로 거짓말을 하는 행위입니다. 회사 사정이 어려우면서 "저희 매출액 많아요. 우리 자산 굉장히 우량해요."라고 재무제표로는 말하지만 알고 보면 다 망가진 것이거나 팔 수 없는 제품일 때 분식회계가 되는 것입니다.

그런데 이 와중에도 숨기기 힘든 숫자는 현금입니다. 다음 페이지의 표는 대우조선해양이 2008년부터 2014년까지 발생주의 장부작성 방법을 이용해 발표했던 재무제표 요약표입니다. 수주산업의 특징인 대규모 장기계약을 매출로 잡기에 원가 손실이 났음에도 불구하고 영업이익은 지속적으로 흑자로 기록됩니다. 하지만 실제 현금이 들어오지 않기 때문에 영업활동현금흐름은 8년째 마이너스입니다. 매출이 발생하고 있지만 '돈'이 들어오지 않은 걸 보여 줍니다. 현금흐름표를 보면 당시 대우조선해양은 영업 활동이 아니라 재무 활동을 통해서 유지하고 있었던 것입니다.

사태의 심각성을 대우조선해양 내부에서는 알았을 것입니다. 그런데도 대외적으로 공개하거나 투자자 보호를 위해서 미리 알리지 않았던 사실이 나중에 밝혀졌습니다. 그런데 이 현금흐름표만 보고도 대우조선해양의 위험을 감지한 사람들이 분명히 있었을 것입니

● 대우조선해양 ●

(단위: 억 원)

	2014년	2013년	2012년	2011년	2010년	2009년	2008년
재무상태표							
자산총계	182,152	164,582	141,834	145,505	141,767	151,363	159,535
부채총계	134,160	116,994	96,576	100,235	101,334	118,787	138,856
자본총계	47,991	47,587	45,258	45,270	40,432	32,575	20,678
이익잉여금	38,398	37,894	35,689	35,482	21,454	14,613	11,162
손익계산서							
매출액	151,594	140,800	125,654	122,576	120,745	124,425	110,746
영업이익	4,543	4,242	4,516	10,322	10,110	6,845	10,315
당기순이익	719	2,517	1,370	7,431	7,801	5,775	4,017
현금흐름표							
영업활동 현금흐름	(5,233)	(12,680)	(7,746)	(309)	(1,335)	(12,795)	(3,199)
투자활동 현금흐름	(2,243)	(1,136)	(4,945)	(4,521)	(3,966)	(51)	244
재무활동 현금흐름	5,395	14,405	11,194	(5,062)	(5,285)	18,192	(1,320)

다. 재무제표만 읽어도 의심할 수 있는 부분이기 때문입니다.

'아무리 그래도 8년 연속 영업 활동이 마이너스라고?' 그만큼 현금은 기업의 민낯을 보여 줍니다.

현금흐름이 빠른 회사가 강하다

기업을 파악할 때 현금흐름표를 주의 깊게 봐야 하는 이유는 회사의 재무건전성이 위험하더라도 버틸 수 있는 단 하나의 힘이기 때문입니다. 현금이 마르기 시작하면 은행 대출, 거래처 관계 등 심각한 상황에 처할 수 있습니다. 당기순이익과 영업이익뿐만 아니라 영업활동현금흐름을 함께 보아야 하는 이유입니다.

매출보다 현금이 늦는 경우, 대규모 투자를 위해서 현금이 먼저 지출된 후 감가상각비가 높은 기업 등 실제 영업이익과 영업활동현금흐름의 시차가 생기는 산업이 존재합니다. 반대로 현금이 먼저 들어오는 비즈니스가 있습니다. 여행, 항공, 교육(학습지, 학원) 등이 대표적입니다. 미리 고객이 현금을 지불하고, 한참 뒤에 서비스를 받는 형태입니다.

1993년 설립된 (주)하나투어는 여행 알선 등의 서비스를 제공하는 우리나라 대표 여행사입니다. 2018년 하나투어의 영업활동현금흐름은 202억 원이었습니다. 2019년부터 시작된 코로나19 팬데믹으로 인해 여행사의 경영 환경은 치명적이었습니다. 사실 코로나로 전 세계가 셧다운되면서 여행사는 살아남을 수 없는 상황이었습니다.

그런데 하나투어가 버틸 수 있었던 이유는 딱 하나입니다. 재무활동현금흐름에 잡힌 1,261억 원의 유상증자입니다. 전혀 예상치 못했던 위기에 하나투어는 현금 보유를 통해 생존할 수 있었습니다.

● DART 하나투어 2021 사업보고서: 현금흐름표 ●

문서목차

- 사 업 보 고 서
- 【 대표이사 등의 확인 】
- I. 회사의 개요
  - 1. 회사의 개요
  - 2. 회사의 연혁
  - 3. 자본금 변동사항
  - 4. 주식의 총수 등
  - 5. 정관에 관한 사항
- II. 사업의 내용
  - 1. 사업의 개요
  - 2. 주요 제품 및 서비스
  - 3. 원재료 및 생산설비
  - 4. 매출 및 수주상황
  - 5. 위험관리 및 파생거래
  - 6. 주요계약 및 연구개발활동
  - 7. 기타 참고사항
- III. 재무에 관한 사항
  - 1. 요약재무정보
  - 2. 연결재무제표
  - 3. 연결재무제표 주석
  - 4. 재무제표
  - 5. 재무제표 주석
  - 6. 배당에 관한 사항
  - 7. 증권의 발행을 통한 자금조
  - 8. 기타 재무에 관한 사항
- IV. 이사의 경영진단 및 분석의견
- V. 회계감사인의 감사의견 등
  - 1. 외부감사에 관한 사항
  - 2. 내부통제에 관한 사항
- VI. 이사회 등 회사의 기관에 관하

선급리스자산의 취득	0	0	3,498,000,000
기타금융자산의 증가	2,974,552,662	8,951,555,534	10,818,123,036
재무활동으로 인한 현금흐름	(109,388,198,158)	37,942,472,612	28,588,195,221
재무활동으로 인한 현금유입액	61,118,382,329	248,874,953,697	298,708,572,920
단기차입금의 차입	55,724,965,296	107,240,148,697	216,929,251,200
장기차입금의 차입	1,281,219,200	12,708,305,000	80,576,670,760
유상증자	0	128,926,500,000	0
종속기업의 유상증자	4,001,740,421	0	1,202,650,960
임대보증금의 현금유입액	110,457,412	0	0
재무활동으로 인한 현금유출액	(170,506,580,487)	(210,932,481,085)	(270,120,377,699)
단기차입금의 상환	62,722,484,264	176,660,646,097	199,112,652,998
유동성장기부채의 상환	5,573,046,485	1,195,464,726	1,607,284,358
장기차입금의 상환	81,570,000,000	1,105,070,000	0
유동성장기사채의 상환	1,041,450,000	1,105,070,000	1,069,760,000
리스부채의 상환	16,130,911,926	23,406,065,503	53,541,984,689
주식발행비의 지급	74,840,930	6,338,000	0
자기주식의 취득	1,083,170	0	949,682
배당금의 지급	2,972,884,123	7,453,826,759	14,787,745,972
임대보증금의 현금유출액	419,879,589	0	0
연결범위 변동으로 인한 증감	641,276,816	(18,656,832)	7,125,967,462
현금및현금성자산의 증가(감소)	3,625,077,675	(7,910,504,912)	(48,373,141,981)
기초의 현금및현금성자산	101,851,024,829	110,846,773,006	157,699,693,427
외화환산으로 인한 현금및현금성자산의 변동	210,793,965	(1,085,243,265)	1,520,221,560
기말의 현금및현금성자산	105,686,896,469	101,851,024,829	110,846,773,006

현금흐름의 패턴을 찾아라

아무리 기업의 민낯을 보여 주는 현금이라고 해도 1년 치 현금흐름으로 기업의 성패를 판단할 수는 없습니다. 최소 4~5년 치의 현금흐름을 통해서 경영 활동 상황을 점쳐 볼 수 있습니다. 영업은 잘하고 있는지, 공장설비 투자는 왜 지금 하는지 등 현금의 즉각적인 투입으로 판단해 봅니다.

이를 잘 정리해 영업, 투자, 재무 3가지 관련 현금 수입과 지출로 6가지 패턴을 만들 수 있습니다. 6가지 현금흐름 패턴은 기업의 성장주기로 표현할 수 있습니다. 정확히 맞지는 않지만 상호간의 인과관계는 높습니다.

사업을 시작하는 스타트업과 같은 초기 기업은 영업활동현금흐름이 당연히 마이너스입니다. 벌지는 못하고 쓰는 구조입니다. 투자 역시 마이너스입니다. 지금 막 공장을 짓거나, 관련 기술을 위한 적극적인 투자가 필요합니다. 투자를 위한 재원은 재무 활동, 즉 은행에서 대출을 해 와야 합니다. 영업(-), 투자(-). 재무(+)의 현금흐름 패턴을 보이는 기업은 초기(사업 진입) 기업일 가능성이 큽니다.

이와 같은 논리로 위험, 성장, 우량, 쇠퇴 기업의 현금흐름 패턴을 나눠 볼 수 있습니다. 위험기업이 2개인 이유는 재무 활동에서의 해석이 다르기 때문입니다. 회사의 경영 상황이 위험한 경우 은행 대출이 더 많이 필요할 수도 있습니다. 재무활동현금흐름은 (+)입니다. 그런데 은행조차 이제는 대출을 해 주지 못할 지경에 이릅니다. 다 아는 것입니다. 은행에 진 빚을 갚지 않으면 바로 파산선고를 받

기업 성장 단계	영업 활동	투자 활동	재무 활동
초기기업(진입기)	(-)	(**—**)	(+)
성장기업(성장기)	(+)	(-)	(+)
우량기업(성숙기)	(**+**)	(-)	(-)
쇠퇴기업(쇠퇴기)	(+)	(**+**)	(-)
위험기업 I	(-)	(+)	(+)
위험기업 II	(**—**)	(**+**)	(-)

※부호의 크기는 금액의 크기

기 때문에 어려운 상황 속에서도 은행 대출은 갚아야 합니다. 이런 위험기업의 재무활동현금흐름은 작은 마이너스(-)를 보입니다.

재무제표는 모두 연결되어 있습니다. 아무리 현금흐름표의 패턴이 강력한 해석력을 가진다고 해도 손익계산서와 재무상태표를 함께 살펴보아야 더욱 정확한 판단을 내릴 수 있습니다. 3개의 재무제표를 겹쳐 보면 회사의 모든 것을 다 알 수는 없더라도 회사가 지금 어떤 상태에 처해 있는지 확인할 수 있습니다. 또한 다른 정보와 비교해서 판단을 내리는 데 가장 객관적인 숫자를 눈으로 직접 확인할 수 있습니다.

포스코케미칼의 손익과 현금흐름 읽기

● DART 포스코케미칼 2022 3분기 손익계산서 ●

연결 포괄손익계산서

제 52 기 3분기 2022.01.01 부터 2022.09.30 까지

제 51 기 3분기 2021.01.01 부터 2021.09.30 까지

(단위 : 원)

	제 52 기 3분기		제 51 기 3분기	
	3개월	누적	3개월	누적
수익(매출액)	1,053,325,465,801	2,521,114,075,282	504,959,126,253	1,452,194,165,891
매출원가	919,484,114,553	2,234,940,296,181	441,424,215,206	1,266,561,963,782
매출총이익	133,841,351,248	286,173,779,101	63,534,911,047	185,632,202,109
일반관리비	48,942,005,027	115,309,304,296	30,156,870,094	78,480,376,204
판매및물류비	3,097,083,029	8,299,241,372	1,906,282,392	5,936,679,437
영업이익(손실)	81,802,263,192	162,565,233,433	31,471,758,561	101,215,146,468
기타이익	1,206,122,349	3,423,293,911	285,596,425	2,058,803,688
기타비용	422,369,442	1,455,590,860	128,698,432	744,325,540
관계기업 및 공동기업에 대한 지분법이익	3,471,280,014	21,310,053,211	4,652,313,448	13,887,756,988
관계기업 및 공동기업에 대한 지분법손실	638,080,111	667,411,685		
금융수익	62,987,892,653	123,607,482,860	19,389,229,609	41,957,696,853
금융비용	66,948,014,628	129,304,943,532	11,732,461,675	27,231,155,941
법인세비용차감전순이익(손실)	81,459,094,027	179,478,117,338	43,937,737,936	131,143,922,516
법인세비용	15,829,300,308	31,423,255,592	3,057,893,135	16,594,757,821
당기순이익(손실)	65,629,793,719	148,054,861,746	40,879,844,801	114,549,164,695

(주)포스코케미칼의 손익계산서와 현금흐름표를 읽어 보겠습니다. 2022. 11. 17. 공시된 3분기 분기보고서 연결 재무제표 기준입니다. 제52기 손익계산서입니다. 52년 이상 된 회사라는 뜻입니다. 단위는 원입니다.

9개월 누적 수익(매출액)이 2조 5,211억 원입니다. 2021년 1.98조 원의 매출액에 1,216억 원의 영업이익을 기록했습니다. 3분기 만에 전년도 매출액을 훌쩍 뛰어넘었습니다. 영업이익은 1,625억 원으로 6.4%의 영업이익률입니다. 이런 추세라면

2022년 3조 원 이상의 매출액을 기록할 것으로 보입니다(잠정실적공시 3.3조 원). 매출액 성장률이 1.5조 원 → 1.9조 원 → 3조 원으로 엄청 높습니다. 매출총이익은 2,861억 원입니다. 88%의 원가 구조라 아직은 영업이익률이 높지는 않습니다. '일반관리비', '판매및물류비' 2개를 따로 분류해 놓았는데 주석에는 '일반영업비용'으로 합쳐져 있습니다. 매출액과 매출원가 성장률이 지금은 75~76%로 비슷합니다. 일반영업비용의 절감이 그나마 영업이익 증가를 이끌고 있습니다. 좀 더 원가 관리가 된다면 더 높은 영업이익이 기대됩니다.

우선 2022년 3분기는 어디서 많이 줄었는지 '일반영업비용' 항목을 따로 뽑아 보겠습니다. 손익계산서에서 단 하나 꼭 봐야 할 주석이 있다면 '판매비와관리비'라고 했는데 포스코케미칼은 '일반영업비용'이 바로 판매관리비의 역할을 하고 있습니다.

● 26. 일반영업비용(일반관리비, 판매및물류비) ●

계정과목	당분기		전분기	
	누적	분포	누적	분포
일반관리비	115,309,304		78,480,376	
급여	33,649,038	27%	26,915,216	32%
퇴직급여	2,301,117	2%	1,998,574	2%
복리후생비	11,099,973	9%	9,187,171	11%
여비교통비	1,386,608	1%	707,501	1%
통신비	455,631	0%	422,098	1%
수도광열비	229,651	0%	185,687	0%
연료유지비	164,612	0%	168,454	0%
세금과공과	690,286	1%	519,696	1%
감가상각비	1,853,083	1%	1,038,684	1%
무형자산상각비	1,195,174	1%	1,308,370	2%
사용권자산상각비	861,529	1%	729,716	1%

대손상각비	637,416	1%	-	
지급임차료	565,251	0%	494,532	1%
수선비	774,057	1%	787,330	1%
보험료	452,178	0%	263,210	0%
업무추진비	378,448	0%	210,335	0%
광고선전비	1,783,696	1%	1,349,130	2%
경상연구개발비	30,864,399	25%	12,564,006	15%
지급수수료	21,692,389	18%	16,037,943	19%
포상비	465,568	0%	516,441	1%
소모품비	1,090,623	1%	881,405	1%
도서인쇄비	128,528	0%	108,051	0%
차량유지비	1,009,702	1%	935,300	1%
협회비	188,512	0%	179,534	0%
교육훈련비	889,640	1%	561,572	1%
회의비	461,598	0%	363,795	0%
잡비	40,597	0%	46,625	0%
판매및물류비	8,299,242		5,936,680	
판매촉진비	398,312	0%	283,140	0%
견본비	50,697	0%	14,210	0%
운반보관비	7,850,233	6%	5,686,080	7%
합계	123,608,546	100%	84,417,056	100%

재무제표 주석에 나온 표를 엑셀로 '복붙'할 수 있습니다. 분포를 통해서 가장 많이 쓰이는 비용을 찾아보니 급여, 경상연구개발비, 지급수수료, 운반보관비를 꼽을 수 있습니다. '일반영업비용'의 합계는 전 분기 대비 46%가 증가했는데 급여와 지급수수료, 운반보관비는 줄었지만, 경상연구개발비는 늘었습니다.

● DART 포스코케미칼 2022 3분기 현금흐름표 ●

법인세납부	(26,896,778,926)	(1,897,456,375)
투자활동현금흐름	(149,120,632,970)	(1,266,682,135,866)
단기금융상품의 순증감	14,156,462,494	(11,417,564,597)
당기손익-공정가치금융자산의 처분	1,257,416,421,809	184,387,308,138
장기금융상품의 처분		237,352,412
대여금의 회수	1,044,450,000	1,338,353,650
보증금의 감소	20,000,000	400,000,000
예치금의 감소	924,748,303	589,169,696
유형자산의 처분	79,908,880	292,235,562
정부보조금의 수령	766,592,722	2,117,989,528
사업의 지배력 획득에 따른 현금흐름	33,213,597,026	
당기손익-공정가치금융자산의 취득	(854,422,514,134)	(1,097,151,891,072)
대여금의 증가	(419,888,930)	(200,000,000)
보증금의 증가		(674,580,340)
예치금의 증가	(930,945,262)	(1,134,313,694)
유형자산의 취득	(448,597,238,851)	(338,763,399,981)
사용권자산의 취득	(47,656,230)	(279,224,000)
무형자산의 취득	(6,247,440,701)	(6,423,571,168)
관계기업투자주식의 취득	(146,077,130,096)	
재무활동현금흐름	548,370,392,185	1,464,626,791,207
유상증자		1,266,809,052,206
차입금의 증가	477,170,386,187	16,313,099,410

현금흐름표를 읽어 보겠습니다. 2022년 3분기 현금흐름표에서는 투자활동현금흐름 -1,491억 원이 보이는데 세부 항목으로 유형자산 취득 -4,485억 원과 관계기업투자주식 -1,460억 원이 보입니다. 마이너스 표기이니 회사로부터 현금이 유출된 것으로 포스코케미칼이 적극적인 투자 활동을 펼치고 있다고 판단할 수 있습니다. 해당 자금은 재무활동현금흐름 차입금 증가 4,771억 원과 사채 증가 2,090억 원을 통해 조달한 자금입니다.

포스코케미칼의 2018~22년 3분기까지 현금흐름 패턴을 살펴보겠습니다. 대체로 영업활동현금흐름 (+), 투자활동현금흐름 (-), 재무활동현금흐름 (+) 패턴을 보입니다. 전형적인 성장기 기업의 현금흐름 패턴입니다.

● 포스코케미칼 ●

(단위: 억 원)

재무상태표					
영업활동현금흐름	(1,478)	1,030	382	627	845
투자활동현금흐름	(1,491)	(16,749)	(2,542)	(2,913)	(386)
재무활동현금흐름	5,483	15,218	3,020	3,182	(294)
기말의 현금 및 현금성 자산	3,318	722	1,216	2,100	1,204

매출액에 대한 구분도 주석 '영업부문' 정보를 참고합니다. 포스코케미칼은 매출액을 사업부문으로 나누고 있습니다. 기초소재산업과 에너지소재사업으로 크게 구분하는데 2022년 3분기 연결재무제표 기준 전체 매출액이 2.5조 원이라면 각각 1조 원과 1.5조 원을 기록했습니다. 점점 에너지소재사업(2차전지 소재) 부문이 강화되고 있다는 것을 알 수 있습니다. 이중 중국과 유럽의 해외 매출 비중이 높아지고 있습니다. 에너지소재 매출액의 86%가 유럽(7,128억 원)과 중국(5,839억 원)에서 발

● DART 포스코케미칼 2022 3분기 분기보고서: 주석 5 영업부문 정보 ●

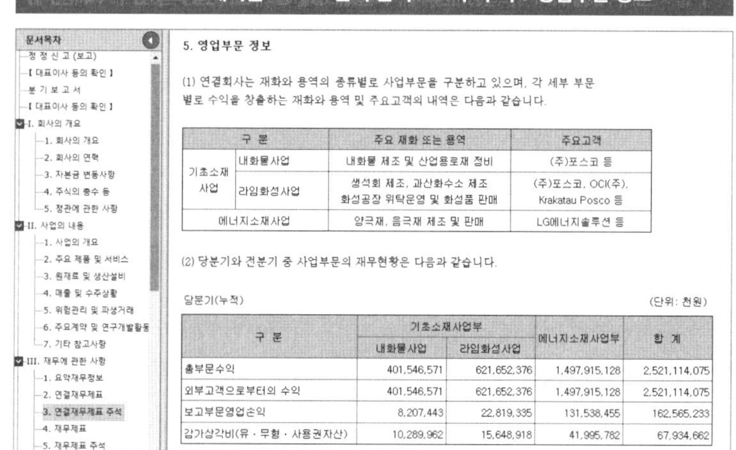

문서목차
- 정 정 신 고 (보고)
- 【 대표이사 등의 확인 】
- 분 기 보 고 서
- 【 대표이사 등의 확인 】
- I. 회사의 개요
  - 1. 회사의 개요
  - 2. 회사의 연혁
  - 3. 자본금 변동사항
  - 4. 주식의 총수 등
  - 5. 정관에 관한 사항
- II. 사업의 내용
  - 1. 사업의 개요
  - 2. 주요 제품 및 서비스
  - 3. 원재료 및 생산설비
  - 4. 매출 및 수주상황
  - 5. 위험관리 및 파생거래
  - 6. 주요계약 및 연구개발활동
  - 7. 기타 참고사항
- III. 재무에 관한 사항
  - 1. 요약재무정보
  - 2. 연결재무제표
  - 3. 연결재무제표 주석
  - 4. 재무제표
  - 5. 재무제표 주석

5. 영업부문 정보

(1) 연결회사는 재화와 용역의 종류별로 사업부문을 구분하고 있으며, 각 세부 부문별로 수익을 창출하는 재화와 용역 및 주요고객의 내역은 다음과 같습니다.

구 분		주요 재화 또는 용역	주요고객
기초소재사업	내화물사업	내화물 제조 및 산업용로재 정비	(주)포스코 등
	라임화성사업	생석회 제조, 과산화수소 제조 화성공장 위탁운영 및 화성품 판매	(주)포스코, OCI(주), Krakatau Posco 등
에너지소재사업		양극재, 음극재 제조 및 판매	LG에너지솔루션 등

(2) 당분기와 전분기 중 사업부문의 재무현황은 다음과 같습니다.

당분기(누적) (단위: 천원)

구 분	기초소재사업부		에너지소재사업부	합 계
	내화물사업	라임화성사업		
총부문수익	401,546,571	621,652,376	1,497,915,128	2,521,114,075
외부고객으로부터의 수익	401,546,571	621,652,376	1,497,915,128	2,521,114,075
보고부문영업손익	8,207,443	22,819,335	131,538,455	162,565,233
감가상각비(유·무형·사용권자산)	10,289,962	15,648,918	41,995,782	67,934,662

생하고 있습니다.

포스코케미칼의 손익계산서, 현금흐름표 중의 포인트만 읽어 보았습니다. 손익계산서는 회사의 '성장', 현금흐름표는 '돈의 흐름'과 기업의 상황을 직관적으로 보여 줍니다. 손익계산서를 통해 이익만 보지 말고 '비용'에 대한 점검을 해야 합니다. 대표적인 마케팅 활동 비용인 '판매비와관리비'를 분석하고, 매출액이 어떤 구성으로 이루어진 숫자인지 파악합니다. 이 정도의 재무제표 읽기만으로도 누구나 해당 기업에 대한 '인사이트'를 얻을 수 있습니다

재무제표를 읽을 때는
흐름과 패턴을 찾아야 한다

직장인이라 하더라도 대부분은 대차대조표와 재무상태표가 같은 말이고, 대차대조표는 사라진 표현이라는 것을 모르는 경우가 많습니다. 재무제표의 본질을 그냥 매출액, 영업이익 등 몇 개 수치로만 이해합니다. 그런데 재무제표가 직장인에게 중요한 이유는 숫자가 아니라 커뮤니케이션 도구이기 때문입니다.

재무제표를 읽기 위해서는 회계 관련 개념과 이론을 공부하는 것도 중요하지만 재무제표에는 어떤 사항이 나와 있고, 어디서 찾을 수 있는지 '위치'를 알 필요가 있습니다. 재무제표라는 보고서가 이러한 내용을 설명하게 되어 있으니, 꼭 찾아서 회사의 재무 상태를 확인해야 합니다. 주석에서 다루는 항목이 있으면 재무제표 읽기가 더욱 풍부해집니다.

여러분이 재무제표를 편하게 읽고, 사용하기 위해 회계 공부를 마음먹었다면 재무제표에 나온 숫자를 단지 결과물로만 보지 말았으면 합니다. 재무제표를 만드는 회계 과정은 '사진과 같은 기록'의 절차입니다. 기업의 경영 성과를 누구나 동일하게 인식하도록 똑같은 방법으로 기록하도록 정했습니다.

우선 말보다 숫자를 씁니다. '돈 많이 벌었어요.' 대신에 '영업이익 100억 원'이라고 쓰도록 했습니다. 같은 형식의 재무제표를 만들기 위해 계정과목, 분개, 회계기준 등 합의된 규칙을 갖고 있습니다. 그러나 회계를 이해할 때 수학공식 'A-B=C'처럼 기계적으로, 부분적으로만 보면 안 됩니다. 정해진 결산시점에 나온 숫자들은 기업의 단면입니다. 그러므로 단지 단면의 한 지점을 보고, 회사를 판단해서는 더욱 안 됩니다. 좀 더 긴 호흡으로 '흐름'을 파악해야 회계로 나온 숫자를 제대로 이해할 수 있습니다.

회계 정보인 재무제표를 읽을 때 회계가 흐름이라는 생각으로 접근하면 폭넓은 정보를 얻을 수 있습니다. 비판적인 책 읽기처럼 재무제표를 읽을 때 어떤 흐름이 있는지, 그 속에서 패턴을 찾아야 합니다.

예를 들어 재무상태표는 자산, 부채, 자본의 분포를 알려 주는 표입니다. 이 표의 나온 숫자는 지난 기업의 과거사를 누적시킨 결과입니다. 재무제표 발표 기준일의 숫자들이지만 그 속에 담긴 누적된 숫자 흐름을 볼 줄 알아야 합니다.

재무상태표뿐만 아니라 손익계산서와 현금흐름표도 마찬가지입니다. 패턴을 읽어야 합니다. 그래서 재무 전문가나 애널리스트들 또한 보통 5년 정도의 추세를 보여 줍니다. 4~5년의 숫자 흐름을 보는 것은 재무제표, 회계 정보를 보는 데 기본입니다.

재무제표를 담은 감사보고서에는 '계속가정기업'이라는 표현이 종종 등장합니다. 어려운 말 같아 보이지만 기업이 '망하지 않고 계속해서 영업한다.'는 가정입니다. 재무보고서인 재무제표는 1년이라는 기간으로 작성됩니다. 숫자의 처음과 끝이 1월 1일부터 12월 31일로 맞춰지는 것처럼 느껴집니다. 그런데 그것은 불가능합니다. 해를 넘겨서 연결되는 판매와 경영 활동이 있는데 1년 단위로 끊어서 보고할 뿐입니다. 그 전제가 바로 계속가정기업입니다. 올해만 영업할 회사가 아니니 1년 단위로 끊은 재무보고서를 인정하는 근거입니다.

회계 정보인 재무제표에는 계속 사업을 유지할 기업의 과거와 미래의 숫자 흐름이 담겨 있습니다. 즉 흐름을 보지 않고 단순히 숫자가 나온 시점에 결과만 보고 판단하면 회사를 정확하게 이해할 수 없습니다. 흐름과 패턴을 파악하면 기업의 미래도 예측할 수 있습니다.

재무제표를 읽으세요

우리는 '왜' 재무제표에 거리감을 느낄까요? 그 이유로 용어와 개념이 어려워서라고 하는 사람이 많습니다. 그런데 저는 생각이 조금 다릅니다. 사실은 어려워서가 아니라 '귀찮아서'가 아닐까요? 직장인이라면 회계나 재무제표를 모르는 사람은 없습니다. 회계팀, 전표 처리, 지급 오류, 결산 등 어느 부서에 있더라도 회계와 재무제표 관련 업무와 전혀 무관할 수 없습니다. 왜냐하면 재무제표는 기업의 장부로 '돈 쓰는 일'과 관련이 깊기 때문입니다.

돈을 쓰고, 쓴 걸 적고, 나중에 잘 썼는지, 비는 데는 없는지, 계산하고 정리하는 게 재무제표와 회계의 목적입니다. '내 돈'을 혼자 쓸 때와는 전혀 다릅니다. 내 돈이 아닌 회삿돈을 쓰는 것이라서 원칙과 절차 그리고 내부 통제 과정이 까다롭습니다. 그러다 보니 재무제표, 회계 공부라면 직장인들이 본능적으로 꺼려합니다.

100% 공감합니다. 하지만 한 가지 생각해 보아야 할 점은 그동안 회계가 어떤 면에서 도움이 되는 것인지 정확히 들어 본 적이 없다는 것입니다. 기본적으로 회계가 어떻게 만들어졌고, 어떤 원리로 작동하는지 배워 본 적이 없습니다.

언제 회계나 재무제표라는 단어를 들어 보았나요? 대부분은 학교 다닐 때까지 들어 본 적이 없을 것입니다. 사회생활을 시작하고부터 재무제표나 회계처리가 귀에 들리기 시작했을 것입니다. 회사에서도 많이 듣고, 경제 기사에서도 많이 봤습니다. 그런데 제대로 배운 적이 없으니 마치 외국어처럼 무관심의 영역으로 방치해 두었을 것입니다. 하지만 직급도 오르고, 투자에 적극적으로 임하다 보면 재무제표가 종종 등장합니다.

"도대체 재무제표에 나온 숫자가 뭡니까?"

알 것만 같은데 주변 사람에게 물어봐도 정확히 답해 주는 사람이 없습니다. 주식 투자할 때도 영업이익, 매출액 같은 기본적인 용어는 알겠는데 그 숫자가 어떤 의미인지 당최 나만 모르고 다른 이들은 다 알고 투자하는 것 같아 불안합니다. '회계를 어느 정도는 알아야겠는데….'라는 생각이 든다면 이 책에서 알려 주는 재무제표 읽기를 실천해 보세요.

이제 회계 공부보다는 '실전'에서 재무제표를 활용해 보아야 합니다. 모든 공부가 그렇듯이 처음에는 금방 효과가 나지 않습니다. 재무제표 숫자가 갑자기 취직, 승진, 주식 투자, 기획서 작성을 도와주지는 않습니다. 하지만 이제 재무제표에 나온 모든 수치가 회사에 관련된 모든 일이라는 것을 이해했다면 회사의 숫자를 가져다 써야 합니다. 여러분도 직접 쓸 수 있습니다.

저도 여러분과 똑같은 평범한 직장인입니다. 매일매일 재무제표를 읽다 보니 나름의 노하우가 생겼고, 그 효과와 재무제표에 담긴 정보를 나누고 싶습니다.

누구나 재무제표를 읽을 수 있습니다. 여러분이 매일매일 재무제표 읽는 즐거움을 발견하길 바랍니다.